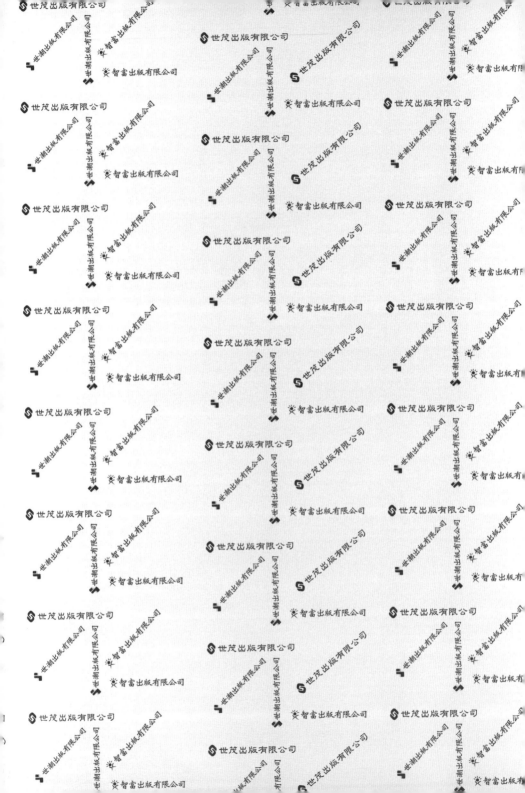

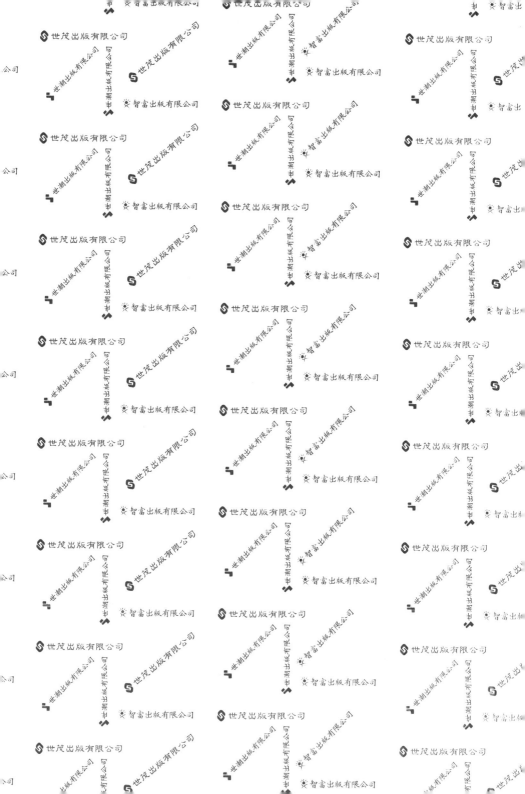

為何你總是——會受傷

資深心理諮商師分析精神案例，全面梳理關係中的傷口……

武志紅——著

看見，就是愛

從二〇〇一年進入《廣州日報》起，我就一直在關注各類焦點新聞。特別是二〇〇五年開始主持心理專欄後，對這些焦點新聞事件進行心理分析，成為我必須要做的工作。

對這份工作，我充滿熱情。

剖析許多焦點人物，或焦點新聞的寫作，也是我最有感覺的。因為在做剖析時，我非常擔心寫錯，每篇文章都會花大量時間和精力去調查瞭解相關的人和事，這些投入，也為我帶來了很好的寫作效果。

這些文章，都收錄在之前出版的《解讀瘋狂》和《解讀絕望》（簡體中文版）兩本書中。

我可以自戀地說，我的寫作非常打動人。在當當網、亞馬遜和京東等網路商城看大家對我這兩本書的評論時，很多人都說，原來這些事件是可以被理解的，原來它們是有如此深刻的原因和邏輯。

現在，我將這兩本書中的精華文章，以及後來寫的一些新聞分析，一起收錄到這本新書中。

正式介紹這本書之前，我想講一個故事。

約是二〇一七年中國國慶時，我回到中國河北農村老家，和父母聊村子裡的事。他們說，比起以前，現在村子有了巨大變化。

例如，婆媳間的惡性爭鬥少了很多。

例如，現在的孩子大都長得很好看，而且一個個都很聰明。

……

這些變化很多，我就不一一列舉了。

老人們對這些變化感受最深，爸媽說，常有老人奔相走告，現在活得太開心了，咱們要多活幾年。

這些變化，有現實原因。譬如，之所以新生兒都更漂亮了，是因為現在產檢比以往進步太多。婆媳之間的惡性爭鬥少了，是因為媳婦們的權利多了很多，同時老人們也都有了養老金，雖然數額不多，但因為老人們不缺吃穿，這筆養老金也足夠用，不用再找孩子們討要。老人們也有了醫療保險，醫療有了保障，和孩子們之間的衝突就更少了。

同時我想，這裡面也有深層的原因。

心理學上有一對術語：「生能量和死能量」。顧名思義，這對術語可以很直覺地去理解，生能量就是熱情、創造力和愛，而死能量就是冷漠、毀滅和恨。

像我們村子裡以前的那些問題，可以理解為死能量的表達，而現在的好轉，可以理解為生能量的增強。

這些理解，是我有一天在家裡找我的精神分析師做視訊諮商時突然領悟到的。與此同時，我的觀感也發生了變化。我所住的社區，從二〇〇五年開始，一直有各種裝潢工程。特別是這個社區視野最好的一排別墅，它們不斷被賣來賣去，而每一位新房東好像都會重新裝潢，裝潢時產生的噪音從未停止過。我做視訊諮商時，噪音也會侵入我的書房，影響到我。

以前，我對這些噪音只有反感和煩躁，但現在，我從對村子裡的生死能量的轉化，延伸到了這個社區。我想，這些連綿不斷的裝潢，也是生能量的一種表達。過去很難擁有自己房子的人，當有了一套滿意的房子後，會投入巨大的熱情，創造出符合自己心意的家。

有了這樣的理解後，我甚至對這些噪音都有了一些喜歡。心理學中的「理性情緒療法」認為，不是事件導致你的感受，而是你對事件的理解導致你的感受。

我這本書中寫的故事，多像是我們生活中的噪音，它們也帶著程度不一的死能量而來，都讓人感到不愉快。但是，如何理解這些噪音非常重要。

因為，心理學中有一個最基本的假設：看見，就是愛。

對於這些事件，人本能上容易想把它們劃為徹底不能接受的「壞」，而製造這些事件的人，則是徹頭徹尾的「惡魔」，我們不必理解它，消滅它或者遠離它就好了。

這種態度可以理解，不過最好的方式還是，不管一件事情看上去多麼不好，理解它都至關重要。理解這些黑暗之事，就是把光帶入黑暗，這些人性中的黑，也因此被照亮。

當真正懂得這些黑暗後，我們更不容易陷進去。所以我常說，越懂黑暗，越相信光明。

看很多讀者對我這些文章和圖書的評論，我也看到了這一點。

我們也可以說，懂得這些黑暗，把光引入黑暗，就是在將死能量轉化為生能量。

當我們這樣做，你會發現，本來被你視為「絕對不可接受」的匪夷所思之事，它背後的心理邏輯、背後的人性，在你身上也存在，只是程度不一樣而已。

精神分析認為，好的父母，該是一個結實的容器，孩子的生命能量，可以在這個容器內流動，一旦孩子發現，他的生命能量被允許、被看見，這份生命能量就會轉化為生能量。相反，如果父母容納不了孩子的這份生命能量，這時這份能量就會轉入潛意識的黑暗中，成為死能量。

這本書中故事的主人公，不管他們表面上顯得多麼有力量，大多都是自我虛弱的人，他們很多不可思議的行為，都是為了顯示他們的力量，並想被這個世界看到。現實世界是有療癒的，他們最終被世界看見，並因此變得更好。畢竟，看見就是愛。

真正的力量，真正的自我強大，其實都是因為被看見。

前言　002

PART 1 與受傷的內心小孩對話

嬰兒期的失控　14
孩子失控時，都會歸罪於外部世界　14
我們為什麼怕黑　18
怎樣和不會說話的嬰兒互動　21
嬰兒需要的是活生生的家長　21
母子的親密關係來自多樣的互動　23
媽媽，請看著我，和我說　25
生命的根本動力，是離開媽媽　31
如何與孩子實現平等對話　35
父母對孩子是恨，還是不會愛？　35

愛需要走出自戀　40

PART 2 越懂黑暗，越相信光明

完美的人背後常藏有超常的痛苦　44
超常的痛苦催生超常能力　44
疾病的初衷是保護自己　50
車人合一感：攻擊性駕駛的心理分析　54
一切都是別人的錯　56
憤怒，因為世界沒有按我的設想運轉　58
暴怒，多是因為全能自戀　62
暴烈脾氣，大都因為自戀　62
任何不如意，都懷有主觀惡意動機　67

「我行，你也行」是唯一健康的人際模式　70
「沒有人能讓我愛上，我也絕對不會去愛別人」　71
愛情一開始都是在重複童年的模式　74
父母不要我，一定是我不好　76
無條件愛自己，也無條件愛別人　79
網路匿名讓人丟失「超我」　84
優秀的女性為什麼怕成功　86
我們是否具有很高的成就動機　86
高成就觸發內心強烈的愧疚感　92
請接受自己優秀的事實　94
男性也有成功恐懼　96
心理測試：測測你的成功恐懼　99
愛情關係中的珍惜原則　103
別在私人關係中做太絕　103
讓帶著本心的我和你的本真相遇　106

PART 3 生命的不可承受之重

消失的邊界 112
界限意識是關鍵 112
你的善良，也許只是軟弱 117
走出共生，開啟獨自探索之路 120
孩子渴求擁有獨立空間 121
如何擺脫病態的糾纏關係 126
比糾纏更可怕的是對孤獨的恐懼 128
僅僅作為一個人的存在就是有價值的 133
做強人父母的孩子不是那麼容易 138
強勢父母的孩子容易製造麻煩 140
每個人都想在關係中尋找價值感 142
找到自己生命存在的方式 147

你的個人意志是否存在 150
沒有個人空間的生命為何脆弱 150
溺愛的心理真相 154
愛主要是從童年與父母的關係中學來 156
父母溺愛孩子，或許是因為自己渴望愛 158
我們為什麼如此熱愛做觀眾 161
與自己的感覺保持連結 166
安娜・卡列尼娜的愛情悲劇是為了什麼 167
被時宜淹沒也就喪失了自我 169
你是否有自己鮮明的立場 172
內在父母和內在小孩的分裂 175
逃避挑剔的「內在爸爸」 177
內在父母和內在小孩的撕裂 180
失戀等於又一次失去「媽媽」 187
告別痛苦的唯一方法是面對痛苦 193
生活太苦，我們就有可能為「甜」發愁 198

逃避真實的心理感受 199
病態的心理防禦機制 202
不管遇到什麼挫折，都有一個安全基地 205
大學生的自殺之痛 207
衝動型自殺最常見 208
憂鬱型自殺難被現場制止 211
「精神上的意外」 213
大學生的自殺傾向多數是在以前形成 216
關係，是生命最本質的渴求 219
可怕的童年，恐怖的父母 219
孤獨的青春，致命的幻想 224
表達愛的方式並不是絕對的「占有」 227
無回應之地，即是絕境 231

PART 1

與受傷的
內心小孩對話

嬰兒期的失控

孩子失控時，都會歸罪於外部世界

我看過一個非常簡單的小影片，一隻小狗打了兩次嗝，之後牠開始吠叫，而且叫的時候似乎覺得外部世界有個敵人，牠是在對著那個敵人進行吠叫的。

這是怎麼回事呢？按照精神分析的理論來講，這是一個很經典的案例，在小動物、嬰幼兒，也包括部分還停留在嬰兒期心理發展水準的成年人身上，可以看到以下現象：小狗發現自己無法控制打嗝，也就是說打嗝這件事失控了，失控發生之後，便產生「分裂」和「切割」的心理機制。

對這隻小狗來講，先是發生了一次打嗝，接著牠想控制這次打嗝，但是控制失敗了，接著牠就開始叫。

我們可以大致推理小狗的心理是這樣的：打嗝這件事情是我不能控制的，既然我不能控制，那應該是另一個力量在控制，而且因為打嗝有點不舒服，所以控制這件事情的另一種力量是有些惡意的。所以小狗就會對著外面吠叫，因為牠覺得打嗝這件事應該是在牠身體之外的一個敵意的力量在控制。

最後大家發現小狗轉過身來，好像要去咬自己的尾巴，這個時候牠開始懷疑，也許身體之內有一個力量在控制著牠。比方說牠的尾巴，雖然（尾巴）是牠身體上的東西，但是因為尾巴在牠身體末端，所以牠會試著把這個尾巴切割到「我」的範疇之外，懷疑尾巴是敵意的源頭。

這是一個很簡單的影片，但是非常經典，嬰兒也會發生同樣的事情。

我曾經思考，什麼叫作善，什麼叫作惡。我想，其實對一個生命來講，善和惡的邏輯是：我能控制的叫作善，我不能控制的叫作惡。

這種心理，對成年人來講非常複雜，但對嬰幼兒、小動物來講非常簡單。比如打嗝，假如我能控制，那麼這件事就是一件很有趣、好玩、善良的事情。但是我不能控制的時候，就變成了一件惡意的事情，而且接下來這個嬰幼兒或者小動物會使用分裂（或者叫切割）的心理機制，那就意味著「我不能控制打嗝這件事情」，應該是有另一個力量在控制，這個時候分裂就發生了。

最初這個小狗的分裂是「在我身體之外的一個敵意的力量在和我作對」，或者說分裂成

「我和我不能控制的另一部分」，而且「另一部分」是有惡意的。

當打嗝繼續失控，這個分裂就進一步變得嚴重，小狗開始去看看是不是自己的尾巴、身體在作祟，其實這個時候就意味著牠把自己的尾巴切割到「我」之外。

如果我們留心會發現，嬰幼兒身上這種現象數不勝數，可以直接置換。如果發生打嗝，而嬰兒控制不住，你會發現他很快會陷入煩躁中。因為他覺得他被攻擊了，他必須找到這個攻擊他的力量，然後和它作戰。

因為嬰幼兒不能表達，也不能夠怎麼樣，所以我們未必能很清楚理解到底發生了什麼，但在大一些的孩子身上就比較清楚。

比如說有一個網友曾經在我的微博留言，她的孩子打翻了牛奶，結果孩子反而過來攻擊媽媽。

這是怎麼回事呢？他會覺得本來我應該能夠控制倒牛奶這件事，但是我控制不住，而且在他的世界裡，主要的（力量）就是我和媽媽，既然我無法控制倒牛奶這件事，那就應該是另一個力量在控制，當然這個另外的力量就應該是媽媽了。牛奶被打翻，失控發生了，他就會認為媽媽變成壞的，相當於壞媽媽打翻了牛奶，所以他要攻擊媽媽。

這個孩子已經一兩歲了，他能夠表達，所以媽媽問他的時候，他就說了出來，他覺得是媽媽打翻了牛奶。

孩子把媽媽視為壞人，這看起來是一件不好的事情，但對一個小孩來講，這樣也不錯，因為他歸罪於媽媽，勝過歸罪於有一個另外的力量在控制著他。

孩子失控的時候，他會歸罪於外部世界，假如他說有一個看不見、摸不著的力量在攻擊他導致發生失控，代表他當然知道這個力量是他無法控制的，所以他會有一種徹底的失控感，並會將這個徹底失控的部分切割到「我」之外。

假如這個孩子覺得這是壞媽媽導致這件事情（的失控），那其實也意味著有修復的可能，即媽媽可以跟嬰幼兒一起努力克服。克服這件事情之後，嬰幼兒就會覺得「我是好的」「媽媽是好的」。失控的事情變成可以控制的，而「壞媽媽」就變成了好媽媽，這樣一來，這個孩子的世界就發生了重要的轉化。

我相信講到這兒，大家都知道，對於孩子來講，特別是對於嬰幼兒來講，媽媽或者一個成年養育者的陪伴非常非常重要。

雖然嬰幼兒的世界很簡單，無非吃喝拉撒睡玩，當然還包括其他一些隱秘的部分，但吃喝拉撒睡玩是主要的，如果父母很用心，可以在很大程度上幫助孩子控制這些事情。

假如是一個成年人，父母是控制不了他的世界的，也滿足不了他，因為那個時候涉及結婚、生孩子、找工作各種各樣的事情，甚至學習這件事，父母都沒辦法幫孩子完成。但是，對於嬰幼兒來講，吃喝拉撒睡玩，都必須依靠父母來完成。

嬰兒的世界主要就是吃喝拉撒睡玩，如果這些事情都處在基本可控的狀態內，嬰幼兒會覺得自己活在一個善意滿滿的世界裡。

當然，失控不可避免地會發生，所以對幼嬰兒來講必然有一個世界被他切割出去，而且這個切割出去的世界，存在一個無法控制的力量在導致這些失控發生。

我們為什麼怕黑

我一個朋友在他孩子一歲半之前搬過好幾次家，結果他發現他的孩子開始害怕黑影。當孩子將自己與外界切斷，通常意味著他覺得外界充滿敵意。

其實我們可以這樣來理解，接連搬家，對嬰幼兒來講刺激太大了，他會經常處在失控當中。這些失控發生之後，他也會像影片中那隻小狗一樣，在尋找到底是什麼樣的敵人導致失控發生。黑暗像是一個看不清、摸不著的力量，而且黑暗中似乎藏著他看不見的力量在發揮作用，所以這個嬰幼兒會覺得是有一個力量藏在黑暗當中導致失控發生，因為他沒辦法理解是搬家導致了這一系列失控發生。

成年人怕黑實際上就是源自於此，甚至我們可以用怕黑的程度來衡量一個成年人在小時候面臨的失控有多少。一個小嬰兒，媽媽及時滿足他、照顧他、陪伴他，讓他順利完成吃喝拉撒睡玩帶來的種種挑戰是非常重要的。

我們可以再次強調，嬰幼兒如果發生太多失控，就意味著他會將太多的事切割到「我」之外，最嚴重的是嬰兒處在一種全然的封閉狀態。他好像對整個世界沒有興趣，這時他其實是將整個世界都切割到「我」之外，這意味著他覺得整個世界都失控一樣。

對於全然封閉的孩子來講，有任何事情侵擾到他，他都可能會發狂。因為他會覺得任何事情他都無法控制，所以任何事情對他來講都是入侵，都是充滿敵意的力量。

換成另外一句話來說，養育者把孩子養育得多好，嬰兒就在多大程度上把養育者納入到「我」之內、「好」之內。一個健康的孩子會充滿活力，他會對周圍世界充滿好奇和探索慾望，因為之前他的吃喝拉撒睡玩被照顧得很好，所以他會覺得雖然有些事情會暫時失控，但是經過努力，就會重新恢復到控制之中。他會覺得雖然像是有一個外部世界，但這個外部世界似乎也是在「我」之內，經過一定的探索和努力可以納入到「我」「好」的世界之內。

繼續推理，對一個相對封閉的孩子來講，他可能只會對很少的事情感興趣，其實這意味著只有很少的事他能控制，封閉的世界之外是他不能控制的事。

對嬰幼兒來講，他越小，對他的照顧就越重要，因為他吃喝拉撒睡玩的需求都有賴於一個成年養育者的陪伴。對他來講，所謂的控制就是養育者把他照顧得非常好，及時回應他。及時的回應非常重要，回應得越快，就意味著嬰幼兒在越快時間內解決失控這件事情，讓世界重新恢復控制。

隨著孩子逐漸長大，另外一件事情就變得很重要，他要嘗試著盡他自己的力量去完成一些事情，這個時候他逐漸覺得「我完成了這件事情」「我可以控制這件事情」，這種感覺對孩子來講非常寶貴。我們可以這樣理解，一個被照顧得很好的孩子，會覺得自己活在善意滿滿的世界裡；一個被照顧得很不好的孩子，就會覺得自己活在一個惡意滿滿、不可控的恐懼世界裡。

我們要知道，在孩子越小越容易失控的時候，成年人對他的照顧和幫助越重要。

怎樣和不會說話的嬰兒互動

嬰兒需要的是活生生的家長

我曾和一位資深心理諮商師聊天，第一次知道了「讀經寶寶」這回事，頓覺大受衝擊。這位諮商師說，她第一次聽到時，也震驚至極，乃至開始懷疑人生。

所謂讀經寶寶，就是從嬰兒一出生，就給嬰兒讀各種經書，目的是從生命一開始，就給孩子灌輸知識。

給嬰兒讀經，這是真實版的「別讓孩子輸在起跑線上」，但用這種方式對待嬰兒，結果將與家長的初衷背道而馳。

朋友給我看了一段影片，一位表情僵硬的媽媽，在給自己幾個月大的嬰兒讀經。我看時，不寒而慄，覺得孩子的需求被忽略了：嬰兒多次轉臉、轉身，試著從這種他不能理解的、毫無意義的聲音中逃走，但這超出了他的能力，媽媽一次次扶正他的身體，然後繼續讀經。

這位受過高等教育的媽媽說，她聽說過一個孩子，才三個月就識字了。

嬰兒怎麼識字？標準是什麼？原來是媽媽手裡拿著兩張字帖，然後嘴裡讀一個字的音，而孩子能做出準確選擇。

這樣的事，真是讓我冷汗直冒。這叫識字？三個月嬰兒的這種「識字」毫無意義。對嬰兒來講，和活生生的媽媽建立互動與連結，才是首位。嬰兒觀察課，是精神分析流派發展出的一個項目，顧名思義，即對嬰兒進行系統觀察，特別是母嬰關係。

在嬰兒觀察課上，有的媽媽就算是極有問題，但也是在用人的方式和孩子交流，哪怕是帶著對孩子的憎恨。但還有一些媽媽，太急著給孩子灌輸文字性質的教育，她們的神情與身體都非常僵硬，嬰兒看起來也很無力。

有諮商師朋友，深入瞭解了一些讀經寶寶的媽媽，發現她們多是自己在嬰幼兒時，沒與父母等養育者建立豐富互動的關係，所以不知道怎樣和不會說話的嬰兒互動，而讀經算是一根救命稻草，一個和孩子互動的辦法。

當然，這個辦法，其實不叫互動，因為只是媽媽給孩子灌輸。灌輸也就罷了，更糟的是，灌輸的這些經文對嬰兒來講毫無意義。甚至，如果嬰兒真這麼早就活在這些經文中，他將陷入非真實的詭異虛幻中，碰觸不到真實的世界。

語言是身體的末梢，法國精神分析大師雅各．拉岡（Jacques Lacan）如是說。語言雖然很重要，但相比起身體，相比起體驗，語言是細枝末節，而且語言是體驗的抽象表達，不及體驗之萬一。而嬰兒處於身體、心靈最敞開的時期，感受力無比敏感，這麼早就給孩子灌輸哪怕是最經典的經文，也是捨本逐末。

我曾嘗試打坐、深度催眠的方式，讓自己的頭腦盡可能安靜下來，結果感受力提高到不可思議的地步，這時才明白，語言真不及體驗之萬一。

可以這樣說，體驗的波動，如果是以萬為單位，語言的波動，充其量是以個位數為單位而已。

語言很重要，人類一個重要的學習，是能用語言來表達自己的體驗，但我們仍得知道，體驗是第一位，而語言學習是第二位，而且兩者的分量完全不是一個級數的。

母子的親密關係來自多樣的互動

嬰兒沒有語言能力，這會讓一些難以和人建立連結的媽媽焦慮，不知道如何和孩子互動。哪怕再焦慮，拿掉經文，試著和孩子直接相處，都是更好的選擇。

再好的經文，對嬰兒來說，也是蒼白的，讓嬰兒和沒有情感的聲音待在一起，是在要孩子的命。無回應之地，就是絕境。所以給嬰兒讀經，就是陷嬰兒於絕境。

網友馨文胡說：現在好流行這個，各種胎教，真不如媽媽的一個溫柔對待。

這是至理。

給嬰兒讀經，遠離教育的本質。嬰兒的精神胚胎還未展開，他還沒來得及用自己的心、身與靈魂，來感受這個世界，與這個世界建立生動飽滿的連結，就已被灌輸了不明所以的東西，他的感受與思考，由此被鎖住了。

其實老子在《道德經》裡都說了：「複歸於嬰兒」。結果我們反而違背規律，給嬰兒灌輸他還不能理解的東西。

國際依戀研究協會創始人 Patricia 甚至反對玩具，覺得玩具破壞了孩子與父母的直接互動。她說：「對孩子來說，世界上最好的玩具，就是媽媽的臉。」

當然，這句話的意思不是要孩子拿媽媽的臉當物質性玩具，而是媽媽因與孩子互動而表情生動的臉，是孩子最喜歡的「玩具」。

網友「冬冬大美妞妞」發現了這一點，她說：「我家孩子現在很喜歡看佩佩豬，但是只要有爸爸媽媽跟她一起玩，她馬上就不看了！孩子很渴望跟家長一起玩，哪怕是你跑我追他們都會很開心。」

切記這一點：媽媽、爸爸與孩子多樣的互動，勝過一切教育。孩子越小，這一點就越是重要。

媽媽，請看著我，和我說

中國浙江台州趙女士的兒子讀小學二年級。婦女節當天，他講故事給媽媽聽、捶背……可媽媽卻一直在低頭看手機。他心裡難過，於是寫下了一篇很傷心的日記。

「我沒有意識到自己的行為對孩子有這麼大的影響。」趙女士說，以後要放下手機多陪兒子。

網友在我微博留言分享了一些他們的故事。

@花生3：我也有這種經歷，不是隨口回應但並沒聽我在說什麼，就是電話打過去問怎麼看到未接也不回，他卻說，你找我能有什麼事。

@super 學海無涯：我也是，每次跟爸爸聊天他都盯著電視看，還說有在聽，我真是生氣又無奈。然後是現在的老公，每次想聊天他就看電視看手機，我抗議，他還理直氣壯地說眼睛看不影響耳朵聽我說話，氣憤至極。

@南半球的花園：我也是，每次有空我都纏著我媽讓她和我聊天，她卻總是把我推到一邊說我煩，這麼大人了還纏著父母。然後自己玩手機睡覺，總是不重視我的感受，我真的很難過。溝通過，她還是這樣。

@遺傳基因諮詢顧問文靜：有一對夫妻，妻子多次請求丈夫多陪陪她，她丈夫背對著她面對著電腦說：「我現在不正陪著妳嗎？」來回幾次，妻子不再需要這樣冷冰冰的陪伴，他們也從此成了陌路人。

@阿蘿媽：我女兒經常用力把我的頭轉向她說：媽媽看我！

@斯嘉麗-Princess：我父母就是極少受關注，所以他們也極少關注我，我跟他們反應希望他們多關注我，結果他們還會生很大的氣，說我很煩，不會自己一個人玩啊。現在他們老了，又過來向我尋求關注，我也很生氣，覺得他們煩。

@windcy：我爸媽從老家來我這兒過年，每天晚上吃完飯，沙發上一坐，電視打開，我就完全沒有跟他們說話的慾望了，只好帶著孩子去旁邊房間或外面玩。過來三個月，幾乎沒交流。我們的父母是敗給電視，我們這代是敗給手機！

@happy_猴年大吉：我年少時也曾經跟母親說過，她不認真聽我講話。但是，她卻振振有詞：「我沒空」。等她有空了說：「我現在有時間，你說」。我已經不想再跟她說話了。

@SUEYA-L：我見過一些家長帶孩子出去玩，孩子在叫他們別玩手機，他們連過馬路都玩手機，真是可悲啊，好心寒。

最後我想到了卞之琳的詩〈斷章〉，我一直覺得是首看似美實則悲傷的詩：

你站在橋上看風景，
看風景的人在樓上看你。
明月裝飾了你的窗子，
你裝飾了別人的夢。

看了日記和網友留言，我想起一個來訪者的故事。

這位來訪者是企業高層主管，他的問題是，無論在什麼場合，都非常非常緊張，緊張背後是自卑——他總覺得別人對他說的話不感興趣。

根據他的其他一些問題，加上經驗和感覺，我猜他和媽媽的關係很有問題。聽到我這個推測，他說，怎麼可能？我和媽媽的關係再好不過。

怎麼個好法？我問他，能說說看嗎？

他說，幾乎每天回家，他都會和媽媽聊天，從晚上七點聊到十點，是很平常的事。他現在已經三十多歲，在他的記憶中，他和媽媽的關係一直如此。

聽他這麼說，我不禁懷疑自己推測錯了，但還是繼續問他：既然和媽媽聊了那麼多，那麼，你和媽媽聊天時有什麼印象深刻的美好回憶嗎？能不能說一兩個？

這個問題戳到他痛處，他很驚訝地發現，他竟然一段印象深刻的聊天片段都回憶不起來。

這出乎我的預料，我想瞭解得更具體一點，於是問他：能描繪一下你和媽媽聊天的具體情形嗎？

他講了，就和那位小學生日記上寫的感覺一樣，而且三十年如一日。永遠是他看著媽媽說話，而媽媽給他一個側臉，她的臉永遠是正對著前方，媽媽在聽，也有回應，但從來都是心不在焉。這讓他時刻在懷疑，是不是他講的事情沒意思，媽媽不喜歡？甚至，媽媽根本就不愛他？

講出這麼具體的感受後，他發現，他在人際關係中的那分緊張和自卑，就和他與媽媽相處的這種感覺完全一致。

他這才體驗到，在和媽媽這樣談話時，他多受傷，多憤怒。回到家後，他向媽媽袒露了這分傷害，並表達憤怒，其間痛哭。媽媽被驚到，真誠向兒子道歉，接著學習和兒子談話時，面對面，眼睛對著眼睛，並接連三次，用心表達對兒子的肯定。這三次，都讓兒子深切體驗到，媽媽真的看到了他，真的在乎他、愛他。

僅僅是這樣三次深切的回應，就讓他有腳踏實地的感覺。

正好他面臨著幾個蠻大的挑戰，這些挑戰讓他有失控感，譬如頭暈，感覺自己像是漂浮著的。在諮商中，我讓他一次次體驗媽媽這三次深切的回應，帶給他腳踏實地的感覺。而他每次回憶這些時刻，都會感動得落淚。

後來，他戰勝了這幾個挑戰，順利得不可思議，甚至是完美。

看見，就是愛。而愛，可以如此有力量。

我這位來訪者和那位小學生的經歷並不少見。在我的微博上，有很多朋友講到了類似經歷，既有自己在父母那裡體驗到的，也有自己不用心和孩子對話的。

這都可以理解，因為很多父母自己也極少體驗過，什麼叫全神貫注、有臨在感的對話，所以他們也會習慣性地如此延續下去。

我們人際關係的相處模式，大抵如此，大家很在乎關係，但關係品質普遍不怎麼樣，缺乏有品質的回應，缺乏臨在感與連結。

但這是可以學習的，試試在某些時刻，在珍惜的人面前，全神貫注地在一起，用你全部的身心，聆聽對方講話。

你會發現，這有多美。

生命的根本動力，是離開媽媽

中國當代藝術家的「F4」中，我最早關注的是張曉剛與岳敏君，後來有人在微博上向我推薦方力鈞，我才開始關注他的作品，且留下了很深的印象。

必須得說，能欣賞「F4」的作品，諮商這分工作起了很大作用。我是二〇〇七年才開始正式做心理諮商的，我的多數諮商都是長程的，現在還在進行的個案，都至少持續談了三年以上。

長程意味著深度，而深度諮商，才能深入來訪者內心深處，也因為不斷碰觸深淵一般的人性，才發現，這些藝術家所表達的，就是潛意識深處的人性。以前不能領略到這一點時，會覺得他們是「審醜美學」——為什麼要把人畫得那麼醜！

方力鈞有一組畫作是男人在水中苦游的作品，讓我想起一個宅男來訪者常做的夢：他在黏稠的、像糖漿一樣的液體中游泳，但液體的黏度太大了，他的手腳像被綁住一樣難以伸展，以至於都像是慢動作。

諮商中，我問這位宅男：像糖漿一樣的液體讓你想到什麼？他首先想到的是媽媽的愛，

媽媽的愛，就如糖漿。接著又想到他對媽媽的愧疚。媽媽的愛太沉重了。媽媽多次說過，我的生命中只有你。其實，他有父親，但媽媽和父親的關係很疏離。

我的生命中只有你。

若媽媽這樣對兒子說，意思是，我和你是共生的。

兒童精神分析師瑪格麗特・馬勒（Margaret Mahler）說，六個月之前的嬰兒，處於正常共生期。她的意思是，只有對六個月之前的嬰兒來說，共生才叫正常，之後的共生都是「病態共生」。

共生，本來是六個月之前的嬰兒的正常需求，但在這個宅男媽媽那裡，變成了媽媽的需求。於是，不再是兒子想和媽媽共生在一起，主要是媽媽想和兒子共生在一起。

但是，隨著孩子逐漸長大，孩子會從共生走向獨立，開始越來越渴望離開媽媽的懷抱，進入廣闊的世界。這位宅男也不例外。可是，當他流露出哪怕只是一絲一毫想離開媽媽的意思，媽媽就會表現得痛不欲生。

這導致了他對媽媽的強烈愧疚：生命的根本動力，驅動他離開媽媽。這時他發現媽媽會活不下去，可不管媽媽多麼痛苦，他還是想離開媽媽——雖然事實上沒做到。由此，他想離開的動力，就彷彿在攻擊媽媽一樣——你看媽媽是多麼痛不欲生。於是，他變得非常愧疚。

對他而言，媽媽的共生渴求，像黏稠的糖漿一樣，黏住了他的手腳，讓他動彈不得。

如果你有類似的夢，或類似的感覺，那很可能意味著，你還處於和某個人共生的關係中，而這個人極可能是你的伴侶，但最初，或潛意識深處，多是你的媽媽。

如果媽媽不能和孩子分離，而將孩子視為自我的一部分，孩子的心理會是混沌的、未分化的，你我不分的。

黏稠液體的原型，應是媽媽子宮裡的羊水。

黏稠液體的夢與意象，是他們人生的比喻。他們做很多事情時，都會感覺到仿佛被什麼黏著似的，難以伸展。他們會對媽媽，或者被他們投射媽媽的人，如伴侶、孩子或主管，抱持著極大忠誠。同時很有意思的是，為了對抗這種共生，他們也會發展出一系列自己意識不到的防禦方式，來阻擋任何人進入他們的心。

我們需要被看見，但那得是帶著理解、愛和接納的眼睛，並且看見的是我們自身，而不是對方的想像。但是，在我們的黏稠關係場中，我們遇到的眼睛和我們自己的眼睛，多是苛刻、評判、不夠友好的眼睛。最糟的是有很多要求的眼睛——你必須符合他的期待。

譬如，春節期間，年輕人回家，勢必會被親戚長輩盤問：你戀愛了嗎？你結婚了嗎？你賺多少錢……

黏稠的關係場中，常常是你什麼都還沒做，就已累得不行，因為你的很多能量在你沒有覺知的情形下，在緊張地應對著這些盯著你的眼睛。所以會有所謂的過年後綜合症：對太多人來說，回家過年其實沒有回到港灣的感覺，反而等回到小家庭和工作崗位後，才真正感到放鬆。

黏稠關係場容易導致一個現象：你不能出錯。稍有差錯，那些眼睛便會不高興。如果發現自己特別不能接受自己出錯，那意味著，你行動的空間非常狹小。覺知到這一點時，可以試試讓自己犯一些理性上和事實上無傷大雅的錯誤，並對自己說：沒關係！

以此多伸展一點自己的手腳。

如何與孩子實現平等對話

最好的治療是拉近一個人與他的人生真相的距離，假如這個人徹底擁抱了他的人生真相，那就是最好的人生境界。所以，擁抱你靈魂的黑夜，即沒有距離地去面對你人生中的悲劇。

——美國心理學家　湯瑪斯・摩爾（Thomas Moore）

父母對孩子是恨，還是不會愛？

我的同門師弟、北京大學心理學副教授徐凱文寫了一篇文章，引發了微博和心理學圈的一些討論。

他的文章內容，本來主要講的是孩子該如何化解對父母的恨，並最終達成與外在父母和內在父母的和解。這個內容很好，畢竟誰會反對與父母和解呢？我自己在《為何家會傷人》

（簡體中文版）一書出版後不久，就想過要寫「與父母和解」的書，只不過一直沒有足夠的素材與感覺，所以還沒動筆。

我非常贊同凱文的文章主體，文章中講的故事以及如何治療的邏輯，也展示了一位資深心理諮商師的功力，很多讀者都說文章讓自己受益。

先看看網友的直接說法：

@xxliu2016：很早以前，大概國中時，我媽罵到我崩潰的時候，我說我死了做鬼也不放過妳，她好像有點得意的樣子，好像順了她意思。我一直覺得我是不是看錯了她的表情。我無法相信她心裡有那麼黑暗。她平時一副老好人的樣子。

@文藝小迷糊：我媽曾經在我精神崩潰的時候得意地笑。

@amandaaaaaaaa：我媽就這樣，我被攻擊痛苦時，她臉上卻有我從未見過的開心和意氣風發，那表情簡直可以說是容光煥發，看她那樣，我的心就慢慢死了。

@小豬１１２生髮靈官博：想起一件類似的事。國中的時候，有一次因為被父母反覆指責而發怒，我跑進房間躺在床上，憤怒又絕望地嘶吼，手亂拍，腳也到處踢，像個瘋子。但是我的爸媽走進來一起笑我，說我光叫不流眼淚，還說要拍下來。我更加憤怒地發洩了很久，他們覺得無聊，就不笑了，一直叫我停下來。

@KATETCHANG：我爹娘有時數落我數落得很開心，就是那種嘴上一副為你好，心裡一副我逮到機會罵你蠢罵你沒長腦罵你一無是處，反反覆覆，嘴角含笑，嗤笑裡帶著嬉笑。尤其是他們有什麼不順心的事情，好像找到個好機會把內在的羞恥感、無力感都投射給我了。

@冉晴心：罵我，指甲抓臉，破相讓我無臉見人，高二那一年，班導在全班面前問我的臉怎麼了，我恨不得挖個地洞消失，嘴上卻跟老師說：我下樓跌倒。但傷害最深的不是打不是罵，而是十四歲生日那天，我媽吐在我臉上的那口唾沫，我沒哭，而是慘澹而絕望地擦乾淨後笑了，那一刻我覺得我的心死了。

以上都是網友從孩子的角度講的感覺。

也有少數網友講自己作為施虐者的感覺，並坦承這時很爽：

@萌臉小狐狸：等自己變成這樣就懂了，我對傷害親近的人無動於衷，還覺得很爽。看別人流血、自殘那一刻，我感覺像欣賞戰利品一樣。後來自己主動要求住院。

另外一件事讓我印象極深，我在《廣州日報》剛寫心理專欄時，一個女孩寫信給我說，她有一個心愛的男友，但她父母以死相逼要她分手。她極其痛苦，問我該怎麼辦。

我約了她和她父母談話，迅速發現，關鍵在她媽媽身上，我問媽媽為什麼反對女兒和男友，她說了很多理由，譬如女兒相貌遠勝過他，女兒學歷高過他等。但這些理由漏洞明顯，被我一一駁倒，最後，媽媽情緒狂暴地說出了她的真實理由：「女兒原來說過，戀愛前會先給我看看男孩怎樣，我同意她才會交往，可她偷偷瞞著我談了幾個月後我才知道！」

這分暴烈的情緒，才是這位媽媽堅決反對女兒婚事的真實原因。她表達了無比堅定的決心，他們必須按照她的意思分手，如果女兒非要和他在一起，就會「死」人。受她情緒威脅的丈夫則對女兒說，如果你們結婚，請踏著我的屍體過去，否則我會先弄「死」那個男人。

必須說的是，這個女孩很愛很愛男友，而且她確定他是一個好男人，他們在一起會幸福。但最終，當明白父母的決心後，她選擇分手，而後則離開父母遠走高飛。

從事實的角度來講，毫無疑問，很多父母會嚴重攻擊自己的孩子，而且在攻擊孩子時，部分父母會有爽快的感覺，這種現象是存在的。

心理學，特別是心理諮商與治療，不能停留在現象中，必須看背後的心理機制。

關鍵還是怎麼解讀。不同的心理學者有不同的解讀，凱文是這樣解讀的：

因為從家族中傳承的問題關係模式和創傷，我們往往從自己父母那裡學來的是親密關係中的互相傷害、忽視和拋棄，然後認同這種模式，繼續在自己的家庭中，在和自己孩子的關係中重演悲劇。這種複製真是簡單到——「除了傷害孩子，我不會別的方式，即便知道這樣不好，甚至因為自己曾經被傷害而痛恨這種方式，但不知不覺中自己也由受害者成為最痛恨的加害者，而傷害的對象正是自己最愛的孩子。」

經過討論發現，其父母竟是如此笨拙地用傷害來與孩子連結，連愛都只會用鄙夷和訓斥的方式來表達，他開始從自己身上尋找解決的力量，漸漸從憂鬱中走出。

這種解讀，把恨說成不會愛，甚至像是把恨說成是愛似的，很容易讓人迷惑。

在這一點上，中國廣州的心理諮商師胡慎之反駁說：

「在愛和恨兩種情感未分化的狀態下，談和解，只會更委屈。表達恨意，對於我們來說已經很難了，唯有表達真實的情感，才有機會做自己。」

在這一點上，我認為凱文繞了很多彎，才能將父母虐待孩子時的愉悅表達成別的東西——天下無不是的父母，父母怎麼做都是出於愛意。

愛需要走出自戀

其實，父母虐孩子，或看孩子自虐時有愉悅感，有一個非常簡單直接的解釋——自戀性暴怒。

即父母還處於嬰幼兒般非常幼稚的心智中，受全能自戀感的驅使，要求別人必須和自己想像的一樣，孩子更是。如果不一樣，他們就會暴怒，暴怒之下，他們會虐待孩子，並在虐待時，因為渲洩了暴怒能量，會有一定的愉悅感。

當然，很多父母也會有罪惡感，心智越是成熟，這分罪惡感就越重。但心理諮商師也知道，不是所有人都發展出內疚能力，所以極少數父母甚至不會感到內疚，覺得自己的虐待天經地義。他們會因孩子不聽話而失控，或者因為生活不如意而失控，並感到天崩地裂。此時他們會找宣洩對象，也會覺得自己很差勁，但唯獨不會感到內疚和罪惡。他們不僅口頭上說不出口我錯了，心中也不會這麼覺得。這樣的父母很少，但不是沒有。

這叫愛嗎？我覺得不算，否則什麼都能稱作是愛了。

這主要是自戀，愛需要走出自戀。這個解釋簡單清晰，在《自體心理學的理論與實踐》

一書中，就是以自戀性暴怒（而非其他名稱），來輔導那些嚴重虐待孩子的父母。作者認為，直接批評父母沒有效果，但用自戀性暴怒來解釋則有效。

真相是永遠的第一名，擁抱真相、面對真相，就能療癒。一如我文章一開始引用的心理學家湯瑪斯・摩爾的話——最好的治療是拉近一個人與他的人生真相的距離。這也是精神分析的態度，不加評判地和來訪者一起面對他的種種外在與內在真相。當然，我們要考慮來訪者的心理發展水準，而不是只打開創傷，這一點我也贊同凱文。

有哪些說法可以滿足心智不成熟的父母的全能自戀？天下無不是的父母、父母怎麼對孩子都是出於愛、父母生了你，你就有還不完的恩情……這些說法都是為了保護父母脆弱的自戀，告訴他們，在孩子面前你絕對正確，孩子必須順著你。

對上述行為一直以來的鼓吹，導致很多父母在爆發自戀性暴怒時，還會有一種正確感。理直氣壯地要求孩子盲目聽話，不聽話就對孩子爆發自戀性暴怒，父母唯有停止這麼做，才能更好地幫到孩子，這是我一貫的觀點。

無論如何，我們不能否認，即便父母與孩子之間，也存在著恨與自私，以及表達恨時的愉悅。

同時，如果你能不加評判地和恨待在一起，不妄想用理性思考去轉化它，你會發現，恨也會自動轉化成很好的東西。

所以，恨並不是一個必須被毀滅、絕對錯誤的情感。無論孩子對父母的恨，還是父母對孩子的恨，都需要承認和面對，以及學習如何與恨更好地相處。

甚至，我們也不一定非要與父母和解，賈伯斯就沒有和父親和解。網友「洛陽張宏濤」則說：「不與父母和解的人，亞伯拉罕・馬斯洛就是典型啊，他不參加母親的葬禮，但無損於他是人本心理學的開創者之一，無損他心理學大師的形象。他最推崇的完美人格的林肯，同樣是拒絕見臨終的父親最後一面。當然，這是一種缺憾，但至少說明，沒有什麼事是非如此不可的。」

承認自己的不足和無知不會減少你的威嚴，能夠與孩子平等對話、多多交流的父母，才能得到孩子崇拜和追逐。

PART 2

越懂黑暗，
越相信光明

完美的人背後常藏有超常的痛苦

超常的痛苦催生超常能力

如果你身邊有人自認在某一方面完美，那麼不管他在這方面做得多好，請務必和他拉開距離，因為在這方面，他一定存在著嚴重的問題。

因為，完美的人有一個可怕的邏輯：我永遠正確，有錯的一定是別人。

這種邏輯並非源於自信，而是專門用來推卸責任。你若離他們很近，你就最有可能成為他們推卸責任的對象，從而成為他們過錯的替罪羔羊。

所以，當一個人給自己貼上完美爸爸、完美媽媽、完美老師、完美醫生、完美丈夫、完美妻子、完美主管等標籤，不管他做得如何盡心盡力，你都可斷言，他必然在這一方面有著嚴重的問題。

二〇〇六年，中國國慶期間，我去上海學心理治療，班上有來自全國各地二百多名心理工作者，一些人不約而同給這個班起了個綽號。各位能想像是什麼名稱嗎？

病人大會！

在這個班上，我們的眼睛變得異常敏銳，仿佛能看透每個人的問題，沒有任何一個人可以倖免，包括我自己。從這個意義上講，我們的確每個人都是病人。

自認有問題，在心理治療中，這叫自知力，是做心理診斷時最重要的標準之一。假如一個人坦然承認他有心理問題，那麼可以基本斷定，這個人起碼沒有最嚴重的精神疾病。

相反，像思覺失調症、憂鬱症、躁鬱症、偏執型人格障礙等一些嚴重的精神疾病患者，他們的一個共同特徵正是「認為自己沒有心理問題」。歷史上一些大奸大惡之徒，他們也曾用盡心機迫使世人相信，他們已經偉大到沒有任何瑕疵。其實，這些大奸大惡之徒，正是病得最嚴重的。

妄稱完美，企圖把責任推給「不完美的人」，同時也失去面對問題、改善自身的機會。相反，自認是病人，意味著還有自我反省的能力和意願，還能真正地承擔屬於自己的責任；也意味著知道自己還有需要自我改善的地方，還有繼續前進的空間，從而繼續向前進。

所以，真正健康的心態是，坦然承認自己的心理問題。

很多時候，不妨對自己說一句：「我是個病人。」

一粒沙，進入貝的身體，最後化為珍珠。痛苦對於我們，也可以有類似的含義。

一個三歲的小女孩，被幼稚園的老師訓了一頓，隨即導致小便失禁，一節課要去廁所好幾次，多的時候達到十幾次。家長非常著急，一邊找心理醫生給小女孩治療，一邊準備幫她換幼稚園。

心理醫生建議家長不要換幼稚園，她說，孩子遇到了挫折，這看上去像是一場災難，但同時也是一個重要的學習機會。如果家長和孩子一起努力化解這個挫折，會給孩子的心靈種下一粒勇氣的種子。讓她堅信，遇到麻煩，她可以解決。

相反，換幼稚園是一種逃避。孩子看似遠離了痛苦和災難，但這會給她的心靈種下一粒軟弱的種子，讓她以為，一旦遇到麻煩，神通廣大的父母可以幫她解決。

後來，家長聽取心理醫生的意見，沒有換幼稚園，也沒有換班，而是治好小女孩的失禁後，又回到了同個老師的班上。不過，回去的時候，同一位老師為她舉行了一個「隆重」的歡迎儀式，全班的小朋友都站起來，鼓掌歡迎小女孩回來。

被老師訓一頓，是一粒沙。無論家長再怎樣神通廣大，事情已發生，這粒沙都不可能消失。但是，藉由積極面對這件事，這粒沙最終化成珍珠，這個小女孩，也由此上了寶貴的一課，並學到了勇氣和自信。

一粒沙變成一顆珍珠，一顆珍珠又相當於在心中種下一粒勇氣和自信的種子，隨著年齡的增長，種子長成大樹，最終給小女孩帶來意想不到的收穫。譬如，到了三十歲時，她或許就可以輕鬆自如地化解主管的責難，可以承受許多更為艱鉅的壓力和挑戰。

小女孩遭遇到的這類痛苦，被一些心理學家稱為「恰恰好的挫折」。所謂「恰恰好的挫折」，既可以激發當事人的潛力，又沒超出當事人的承受能力，這類挫折可以幫助一個人既不成為溫室中嬌弱的花朵，也不至於被狂風暴雨摧殘。

不過，每個人的生命中都註定會遭遇一些超出自己承受能力的挫折，這些挫折撕開我們的心靈，而且一直都沒有癒合，只要一碰就會疼痛。這很不幸，但這種不幸，仍然令我們發展出一些超出常人的機能。

譬如，那些特別善於察言觀色的成年人，如果深入看他們的人生，會發現，他們多數都有一個糟糕的家庭。在家庭中，他們如果想獲得父母等親人的物質和精神關懷，必須先討好他們。他們沒有品嘗過「無條件的愛」的滋味，這很不幸，這不再是「恰恰好的挫折」，但是，他們也由此發展出超乎常人的察言觀色能力。

我一個朋友在這方面堪稱超人，他特別懂得眉高眼低，能用短短幾句話讓一個陌生人心花怒放，所以可以非常順利地渡過很多難關。譬如，我們去一個餐廳吃飯，他能用幾句不起眼的話博得服務生的歡心，讓我們享受到五星級的服務，甚至不惜去和廚房的廚師談判，讓我們那一桌上的菜量明顯多於其他桌。他從不缺女朋友，在學校裡備受老師和同學喜愛，工作後也很受主管器重。

一開始，我欽佩他這種能力，但不久後，我對他有了很深的同情。原來，他的童年一直缺乏愛，父母都很優秀，物質條件優越，但除非他耍一些花招，否則父母很少主動關注他。他就是在和父母不斷進行鬥爭的過程中，練出了這種超人的察言觀色能力。

不懂他的人，會羨慕他，但如果深深理解他，你會明白，伴隨著這種超乎尋常的察言觀色能力的，是他一直在流血的傷口。儘管可以輕鬆取得別人的信任和喜愛，但他內心深處其實一直沒有自信。更關鍵的是，他的親密關係一塌糊塗。他談了多次戀愛，但不管他付出多大的心血，最終都沒有好結果。他傷痕累累，他的女友們也傷痕累累。因為這一點，無論他在其他關係上取得多大成功，在處理親密關係上，他仍然可以說是失敗的。

這是人性中最常見的一種矛盾。如果你認真審視，而不是停留在表面，急著表達景仰或豔羨之情，那麼你會發現，許多在某方面具有超常能力的人，都正好是在這方面受過嚴重傷害的人。

日本作家村上春樹在小說《挪威的森林》中也描繪了一個類似的角色。永澤聰明而帥氣，似乎贏得了所有人的寵愛，同學敬畏他，宿舍管理員在管理上也對他格外開恩，他和近百個女孩上過床，還有一個非常美好的女友初美。他把小說裡的男主人公渡邊當成僅有的好友，但渡邊第一時間感受到，他「背負著一個可怕的地獄」，而且絕對不可信任。

現實生活中，不乏永澤這樣的男人和女人，他們華麗的外表和令人眼花繚亂的能力之下，其實隱藏著一顆備受傷害的心。

但反過來看，他們在與傷害他們的力量爭鬥過程中並沒有一敗塗地，反而發揮了強大的生存能力。假如有一天，這樣的人超越了自己的宿命，真正明白了自己人生的局限性，那麼他的心靈就有望成長為一個巨大的珍珠貝，最終將那些侵入他心靈的岩石化為巨大的珍珠。

我那個朋友也罷，永澤也罷，他們發展出超常的人際能力，初衷都是為了保護自己，以讓自己在病態的家庭中可以生存。

疾病的初衷是保護自己

其實，很多心理疾病的誕生，一開始正是為了保護自我。

前面提到的那個小女孩，老師訓她其實只是誘因。原來，一直照顧她的奶奶因有事即將回老家，這讓小女孩產生了很強的分離焦慮。對三歲的孩子來說，分離是最可怕的事情之一，只是，奶奶離開她有充足的理由，她不能很直接地表達焦慮。但是，一旦小便失禁，奶奶就只好留下來陪她。這樣一來，她能用生病的方式把奶奶留在身邊，使分離焦慮得到緩解。

《挪威的森林》中還有一個叫玲子的女士，她曾是鋼琴天才，從小一路過關斬將，在無數比賽中拿到大獎。但在參加一次大賽前，她的小指忽然不能動彈，大獎也因此泡湯。後來檢查，她的小指不能動，沒有任何生理原因，純粹是心理因素，是一種精神障礙。這不難治療，只要進行心理暗示就可以了，譬如催眠。

但是，光做診斷和治療，會忽視最重要的東西：疾病發出的信號。

小指不能動，其實是潛意識在搗蛋，是她的潛意識在告訴這位鋼琴家，不要再這樣彈下去了，不要再只是為了參加大賽、只是為了滿足父母的期望而彈。甚至也可以說，潛意識在告訴她，不能再只為別人而彈，不能再只為別人而活了，妳長大了，妳應該為自己而活。否則，就算以後就算取得巨大的成功，成為享譽世界的鋼琴家，她仍然是一個沒有自我的人。而且，那時她最重要的目標已經實現，再沒有其他目標可以追求，就會令她產生巨大的空虛感，輕則令她陷入憂鬱症，重則讓她產生自殺的衝動。

小女孩的小便失禁，也有同樣的含義。事情發生後，她的父母和爺爺奶奶帶她去做了很多檢查，都查不出有什麼生理問題，也是純粹的心理因素導致，有非常明確的心理含義。

原來，小女孩的奶奶非常愛乾淨，每次小女孩上完廁所，疼愛她的奶奶都會幫她洗一次澡，而且也都是奶奶幫她穿脫衣服，小女孩不需要做任何事。如果不洗，奶奶會很焦慮，小女孩也會很焦慮。這當然是不健康的育兒方式，等上了幼稚園，小女孩就遇到了最基本的問題：她不會自己脫褲子，得完全靠老師才能上廁所。老師最終因失去耐心而訓斥她，也是必然的事情。

而且，這時小便失禁還有最基本的含義，就是小女孩在告訴奶奶，如果妳想離開我，妳得先讓我長大，妳得先改變面對我上廁所的方式。

這是後來心理治療中一個重要的內容，心理醫生建議逐漸減少小女孩如廁後洗澡的次數，最終達到一天一次，並且讓小女孩自己學習穿脫衣服。

最終，小女孩學會了自己穿脫褲子，也不再有每次如廁後洗澡的潔癖。她對幼稚園的適應能力大大提升，對奶奶的依賴也大大減少，奶奶終於可以回老家了。

其實，大多數心理問題都是在童年初步形成，而且在形成之時，都有類似的心理含義：告訴教養者，放棄不健康的教養方式。

從這一點上看，我們的確應該感謝自己的心理疾病，感謝它們最初對自己的保護作用。可以說，如果沒有心理疾病的保護，許多孩子可能早就夭折了。

譬如，一個八歲的孩子之所以很孤僻，是因為他沒有學會拒絕別人，任何人向他尋求幫助或指使他做事，他都說不出「不」來。這個時候，孤僻就是對他的保護，防止太多人指使他或向他索取，最終掏空他。

從這個意義上講，我們最好不要把「消滅心理疾病」當成目標。因為，心理病灶已經吸納了我們大量的心理能量，我們圍繞著自己的心理疾病發展出自己的優點和缺點，如果只是簡單地「消滅」心理疾病，那麼我們相應的優點和缺點會一併消失。最終，當我們成為一個完全沒有心理問題的人，也就成了一個沒有任何特點的行屍走肉。

心理學出身的醫生，絕大多數都旗幟鮮明地反對用腦部手術去治療心理疾病。北京大學心理學博士鐘傑說，這種手術的意義就是，把一個病人變成情感白癡，他的確有可能成為無害的人，但他也從此成為麻木、冷漠而沒有生命力的人。

車人合一感：攻擊性駕駛的心理分析

二〇〇六年三月十六日，中國廣州市下塘西高架橋路段，一輛滿載泥沙的砂石車與一輛公車及一輛小客車相撞，造成六人當場死亡。此後五天內，廣州市又連續發生兩宗三人以上死亡的大型交通事故。

這幾起慘烈的車禍，引發了全廣州對於「車德」的討論。導致車禍的原因無外乎兩種：司機的主觀因素和司機以外的客觀因素。客觀因素探討得足夠多了，本文將專門探討一下主觀因素。

有一次，我和幾名玩攝影的朋友去石門森林公園（位於中國廣州）。我們是自駕，車是一輛飛雅特牌轎車。進入石門森林公園後，車悠然地在山路上行駛，空氣清新，陽光燦爛，是個拍照的好日子，我們一路上心情很好，不斷開一些輕鬆的玩笑。

忽然間，開車的朋友爆了句粗口：「他×的，我要幹掉他！」

我們很愕然，問朋友發生了什麼事，他指著前面那輛較豪華的小轎車說：「這種地方他也超車，不想活了。」我認真看了一眼，印象中，那輛車的確是一直跟在我們後面。

朋友學過跆拳道，身手不錯，他說如果是以前，他一定會追上去，把那傢伙打個半死。

這個插曲讓我們覺得很意外，因為這位朋友的脾氣向來很好。至於粗口，我印象中還是認識他以來的第一次，「死亡威脅」更是不敢想像。

坐在駕駛座上，一個溫和、禮貌的人搖身一變，成為馬路「怪獸」，這種現象在全世界每時每刻都在發生，也許每個都市人都見識過。這種壞脾氣，被美國學者稱為「road rage」，即「馬路憤怒」。但如果從壞脾氣演變成具體的違法與暴力行為，就是「aggressive driving」，即「攻擊性駕駛」。

美國國家公路交通安全管理局對攻擊性駕駛的定義是：一種危害或傾向危害人身財產安全的駕車方式，具體表現為超速駕駛、追尾、從右側超車、闖紅燈、大聲鳴笛、使用汙辱性手勢、辱罵他人，終極表現則為暴力行為。攻擊性駕駛有三個特點：

1. 在駕駛過程中被急躁、煩惱或憤怒的情緒所激發。
2. 為實現自己的目的——如節省時間，而不顧及其他道路使用者的利益。
3. 讓其他道路使用者感到有危險而採取迴避行為，或讓其他道路使用者產生憤怒。

至於產生攻擊性駕駛的心理原因，也可謂五花八門。

一切都是別人的錯

美國的萊昂・詹姆斯（Leon James）博士認為，「一切都是別人的錯」，這種從別人身上尋找原因的自動思維是導致「馬路憤怒」的頭號原因。

詹姆斯是攻擊性駕駛的研究專家，他早在二十多年前就開始研究這個議題。不過，有趣的是，他自己一開始也是典型的歸罪別人的駕駛。

他剛開車的那段期間，詹姆斯太太總是抱怨他開車時脾氣太大，像是變了一個人。但詹姆斯認為自己沒有什麼變化，他對太太的抱怨也總是很不滿。後來，他把自己開車時的言行記錄下來，才發現自己的確在開車時變成了另外一個人，一個非常有攻擊性的人。這種心理差距讓詹姆斯產生了研究攻擊性駕駛的興趣，他調查無數駕駛人，發現幾乎每個人都有同樣的態度，認為自己是好司機，自己根本沒問題，一切都是其他人的錯。而且這種思維是在第一時間產生的自動思維，就好像是開車時丟失了自我反省的能力。

詹姆斯認為，這種外在歸因是導致不友善行為的直接原因。既然根本不是自己的錯，那麼咒罵、沒有耐心、暴力幻想，甚至暴力行為都是理所應當的了。

美國心理學教授德芬巴徹（Jerry Deffenbacher）博士也是研究攻擊性駕駛的專家，他發現，絕大多數人一坐上駕駛座，忍受委屈的能力便立即大幅下降。儘管這些人可以忍受在家裡被太太臭罵、在公司被主管呵斥，卻無法忍受開車時遇到「委屈」，一旦產生不滿，便會有立即報復的強烈衝動。

德芬巴徹還認為，攻擊性駕駛之所以很常見，關鍵原因是駕駛人有一種不正確的期望，他們下意識認為可以完全按照自己設定的方式和時間從甲地開到乙地，沒有任何意外可阻擋他們。這種期望無疑是駕駛人自己給自己設定的壓力，讓他超速、搶紅燈、任意變換車道、亂超車……而目的可能只是為了節省兩分鐘的時間。

那些跑固定路線的司機，這種心態更為要命。譬如，跑長途的司機，他們非常熟悉自己的行車路線，就算沒有公司的硬行規定，他也會給自己設定抵達每個站的預期時間。而且他還很容易出現競爭心態，「今天一定要比昨天快一點」。這就像少不更事的少年打電玩遊戲，非得要創一項個人紀錄，為了只比以前的紀錄多一分，他會日復一日地坐在電腦前，付出巨大的努力和犧牲。

儘管司機確實存在一些現實壓力，譬如交通擁擠、公司的硬性規定、車輛本身的問題等，但德芬巴徹博士和詹姆斯等人都認為，「馬路憤怒」產生的重要原因是他人的粗魯行為和冒險駕駛所致，而單純的交通擁擠並不是主要因素。德芬巴徹發現，駕駛人在相互表達憤怒時的行為非常豐富，一個平時不怎麼運用肢體語言的人，也會在開車時自如地用言語、肢體和車輛向其他人表達憤怒和侮辱。

憤怒，因為世界沒有按我的設想運轉

那麼，汽車是什麼呢？愛車對你而言，意味著什麼？

一個網站給出的回答是，對女人是「如意郎君」，對男人是「夢中情人」。這家網站以極具誘惑力的文字描繪說：「男人，向左走；女人，向右走。男人，挑選出自己的夢中情人；女人，選擇妳想嫁的如意郎君。」

一個車迷則乾脆斷言說：「平心而論，汽車這個新生事物對於大多數第一次擁有它的人來說，的確是一個既代表身分又代表品位的東西，就像懵懂時期第一次看到一位讓自己怦然心動的人——一種初戀的感覺，必須心跳、必須完美。」

初戀令人迷醉，但美國心理學家派翠西亞・埃文斯（Patrica Evans）在她的《不要用愛控制我》（*Controlling People*）一書中說，這種迷醉是出於自戀，每個人初戀時都是將自己腦中早就勾畫了不知多少年、不知多少遍的「夢中情人」形象，硬生生套在戀人的頭上。儘管我們無比迷醉，而且似乎異於尋常地在乎戀人，但實際上，我們並不在乎戀人的真實存在，我們只是沉迷於自己腦中的那個夢中情人。

所以，初戀幾乎註定會失敗。這種打擊會幫助我們走出自戀，真正懂得，儘管戀人很像我們的夢中情人，但他也是一個獨立的人，一個不受我們所左右的人，一個經常會挑戰我們自戀幻覺的人。

但如果這個戀人是一輛車，那會怎樣？

它會徹底聽命於你，讓你控制，受你指揮。如果你的車技足夠好，它會帶給你不亞於性愛的快樂。更關鍵的是，這個夢中情人從不違抗你的意志。它會讓你自如地指揮，並且會帶你走向你一個人所不能完成的任務——譬如時速兩百公里，譬如一天狂飆一千公里，譬如……總之，它會令你迷醉於車人合一的完美感覺。

所以說，一輛車，是一個完美的夢中情人。

但是，這種完美合一感經常會受到挑戰。譬如堵車，譬如另外一輛車、一個人或者其他什麼擋住了你。

這種挑戰破壞了我們的車人合一感，剎那間，我們會像個小孩子一樣感到憤怒。「我當然沒有問題，我的夢中情人當然沒有問題，全是別人的錯！」這種憤怒，以及這種憤怒後的外部歸因，是令一個駕駛人產生攻擊傾向的潛意識心理動因——

真火大，世界沒有按我的設想運轉。

美國汽車協會的一分研究發現，攻擊者經常被一些非常小的、自然產生的或者是非常中立的行為激怒，例如，受害司機沒有按照攻擊者所設想的速度減速；受害司機在攻擊者認為不應該轉彎的地方轉了彎；受害司機把車子停在攻擊者認為不應該停放的地方等等。

埃文斯認為，受害者這樣做，等於是提醒了攻擊者，他只不過是個開車的，世界並沒有按照他設想的節奏運轉，從而破壞了攻擊者車人合一的幻覺。

她認為，其實每個人都在追求自己的虛幻世界。在這個世界裡，一切都按照我們的設想運行，自己的意志不會受到挑戰，一切完美無缺。我們之所以執著夢中情人的形象，正是因為這種期望。實際上，夢中情人只不過是自戀的我們的幻想，因為這種幻想，我們在初戀時很難學會接受戀人的真實面目，而是拚命將自己的幻想強加給戀人。但是，事實會教訓我們，我們的初戀絕大多數會失敗，我們的夢中情人形象不免會破滅，我們最終學會把戀人當成一個真實的人來看待，接受他們本來的面目。

但是，攻擊者創造了一個假想人所居住的虛幻世界，這些假想的人，按照他們事先規定好的駕駛方式行駛。當這些完美的假想人消失，而攻擊者受到現實抵制的時候，他們就被激怒了。但是，像汽車這種強大的成人玩具給了一個維護我們幻想世界的機會。汽車如此強大，而且又完全聽命於你，不免讓人產生幻覺，覺得世界真的是以自己為中心，按照自己的設想運轉。

不幸的是，這個幻想也會受到挑戰。任何一個小小的意外，都會打破這個幻覺，而那個意外的製造者，理所當然會被我們憤恨。而且既然世界是以自己為中心，那我們當然沒有責任，一切都是別人的錯。因為這種心理，一個人即使平常再會自省，在開車的時候，也會變得喜歡從別人身上找責任。因為車是如此好控制，我們實在應該警醒自己別陷進去。

暴怒，多是因爲全能自戀

暴烈脾氣，大都因為自戀

二〇一六年四月二十七日，一個影片爆紅。

當日上午十點左右，中國浙江省某市的一個檢查點，交警攔下了一輛轎車，經查詢，發現該車有二十七條違法紀錄未處理，要做扣車處理。

沒想到，轎車司機，一位一九九六年出生的年輕人，一下車，開口就說他來自銀河系，如果敢處理他，他就會毀滅地球。交警和他的對話過程被錄成影片，轉發到社群網站上，立即引爆網路。

部分對話如下：

年輕人：我銀河系是三分白七分黑的，我告訴你！

交警：什麼叫三分白七分黑啊？

年輕人：誰會製造生物，製造生物就要滅掉，就是要剿滅掉的，你知道啊？
交警：地球只是銀河系最小的星球，你知道嗎？
年輕人：我不知道。
交警：我跟你講，你的車有二十七條違規，按照法律規定要扣車，明白嗎？
年輕人：你扣了我的車我很憤怒的。
交警：那怎麼辦？
年輕人：我這個人很任性的。
交警：我跟你說，這台車是誰的，你叫你父母，叫你媽過來一下，這個東西也要處理掉。
年輕人：你要是照顧我一下，我就不搞大了。
交警：那不行，我們是講法律的。
年輕人：跟我講法律？那我也跟你講法律，我也有我的法律。
交警：你講。
年輕人：你要講你的法律，我也要講我的法律，我皇家的法律，那就是……你知道嗎？你要是激怒我，我是要毀滅地球的。我皇家在整個銀河系、在整個宇宙是最大的，我來這邊就是為了一個……我從小沒有受過任何委屈，因為我要登上帝位，我要坐偉大的帝位。

交警：那你為什麼要開汽車啊？你開飛機好了呀。

年輕人：我不開飛機，我開U……FUV的，UFO的！

看文字，說得挺可怕的，但年輕人本人，有點帥氣，身材瘦小，而且口氣並不激烈，看上去一點都不可怕，反而因此有些可愛。所以交警雖然很堅決地扣他的車，但也是笑嘻嘻地對待他，網友也覺得他很萌，有網友說：「這種異次元的風格很好啊，他又沒有妨礙別人。」

但這個年輕人內心的邏輯，一點都不萌，他應該是比較膽小的人，如果他將內心的狂暴表達出來，那麼直接面對他的交警會感覺到巨大壓力，就不會這麼笑嘻嘻了。

他的這套邏輯，就是典型的自戀性暴怒：我是神，世界必須按照我的意願運轉；世界沒有按照我的意願運轉，就是對「我是神」的自戀感攻擊，然後我變成魔，想摧毀點什麼，或者你，或者我自己，甚至這個世界。

翻譯成這個年輕人的語言，就是：我是銀河系皇太子，我的法律就是，我可以為所欲為，地球人敢和我作對，我就要把地球從宇宙中抹去！

其他的新聞中也可以看到類似的情況——一點衝突就要天翻地覆，這都有自戀性暴怒的原因；當事人其實都秉持著這位年輕人的邏輯：我皇家的法律是……你要是激怒我，我就要毀滅地球。

例如，二〇一五年五月三日，中國成都發生一件「路怒」事件，一位男司機，失控地暴打一位女司機，這一幕被拍下來，男司機因為欺負女性，一時被全國人民聲討。但很快，輿論被逆轉，因為男司機的行車記錄器顯示，女司機多次突然變換車道，並且，除了第一次只是無視別人存在，之後的兩次都是惡意逼車。如果男司機注意力不集中，在躲閃時，一次會撞到一個自行車騎士，一次會撞到一位行人，她明顯是故意選這個時機逼車。

這位男司機也有責任，第一次女司機突然變換車道時，他被嚇一跳，然後他憤怒地追上去對女司機逼車一次。他們在相互報復，女司機有錯在先，而且後來兩次的逼車，實在是非常惡毒。

路怒症每天都在發生，太多的路怒症都是自戀性暴怒在發揮作用。很多嚴重的社會新聞，也是自戀性暴怒所致。

二〇一三年七月，中國北京大興發生一件可怕的事情，男子韓某在停車時，和推著嬰兒車的孫女士發生口角，韓某竟然抓起嬰兒車內的孩子，活活摔死在地。

寫這篇文章的時候，我在社群網站上看到一個影片，一個男子不知為何將車停在紅綠燈前，而且占了兩個車道。不僅如此，他還衝下車來，一一辱罵後面的車主，並猛踹這些車。

這都是自戀性暴怒：我是神，你不聽我的，我讓你去死。

自戀性暴怒如果只是宣洩情緒還好，一旦變成行動，就會有極大破壞力。但相應的，也很容易激起對方的暴怒，從而讓事情一發不可收拾。

並且，一般性的本我，有一般性的超我管著，而全能自戀性的本我，則會有絕對禁止性的超我管著。嬰兒處於全能自戀中問題不大，因為沒什麼破壞力，若成年人常被全能自戀和自戀性暴怒支配，將很容易被關到監獄裡。監獄系統背後的權力體系，就是人類製造的絕對禁止性超我。

譬如，那個占了兩個車道衝下來鬧事的男人，最後被圍攻，而韓某，則被判死刑。

幾乎在所有嚴重的社會事件中，都能看到自戀性暴怒的影子。但絕不僅僅是這些社會事件中才有自戀性暴怒，實際上，任何容易暴怒的人，都必然是被自戀性暴怒控制。

當你想摧毀什麼，這一刻，內在獸性也就控制了你。

任何不如意，都懷有主觀惡意動機

自戀性暴怒者的邏輯如下：

1. 任何不如意，都是在挑戰我的自戀。
2. 任何不如意，不管是主觀還是客觀的，都懷有主觀惡意動機。
3. 有主觀惡意動機者，必須向我道歉。
4. 否則，我就滅了你，或者滅了我自己。

其中的惡意動機是關鍵，有時候，它是真實的；有時候，則僅僅是我們的自戀被挑戰後的想像。例如，在前述的成都路怒症事件中，就是真實的。女司機逼車男司機，的確是懷有惡意動機。

很多夫妻一吵架就天翻地覆，最後都必須是以一方向另一方道歉結束，也是這個邏輯在發揮作用。

有人參與的時候，你容易認為，其中有主觀惡意動機，有敵對力量在找麻煩，但當事情基本上只有客觀因素在發揮作用時，這個邏輯就顯得很荒誕。

對於容易暴怒的人最關鍵的是，他需要看到，並沒有誰在惡意對待他，他的暴怒，來自神一般的自戀受到挑戰，他內心的黑暗是由此而來的。

例如一位來訪者，因為我臨時取消一次諮商而憤怒。下一次諮商時，我們仔細探討她的憤怒。她說，諮商對她很重要，她能感覺到，她心中的一股能量隨著諮商的進展而升起，但諮商突然被取消，她感覺這股能量被打斷了，特別是她對控制不了我很絕望，她覺得我根本不在乎她。

我取消這次諮商是有客觀原因的，我將客觀原因告知她。但這並不能真正打消她的感覺，她頭腦知道我在乎她，但她在感覺上，還是覺得我根本不在乎她。

後來我發現，其實問題的關鍵是——這次取消是突然的。她已經對這一次諮商有了期待，突然取消使得她的期待落空，這種落空，讓她很憤怒。

若你容易暴怒，請問問自己：「我是不是太自戀了？」

這分憤怒，就是自戀性的憤怒。「我」發出了一個期待，這個期待就必須實現，如果沒有實現，「世界必須按照我的意願來運轉」這種自戀感就被破壞。憤怒便由此而生。

暴怒者自己本身就是最大的問題，他們期待別人和世界必須配合他們的意願，保證他們意願能實現，否則意願的能量將變成暴怒。若能察覺這點，以後他們才能相對更好地管理這分暴怒。

「我行，你也行」是唯一健康的人際模式

我現在越來越喜歡這句話：跟著感覺走，成為你自己。

這句話，是關於「我與自己」的關係。在這一點上，我們必須回到自己的感覺和體驗上，而不是圍繞著別人轉，那樣會喪失自我，永遠不能成為自己，也無法獲得內心的自由。以一個常用的詞來說，就是要自愛，要無條件地愛自己。

尤其在處理「我與別人」的親密關係時，我們應像無條件地愛自己一樣，也去無條件地愛別人。

在處理「我與自己」的關係時，如果我們不是以自己為圓心，就不能「成為自己」；在處理「我與別人」的親密關係時，如果我們不能愛別人，就不可能建立真正親密的關係。

這種自愛又愛別人的關係模式，即為「我行，你也行」，是唯一健康的人際模式。

按照猶太哲學家馬丁•布伯（Martin Buber）的說法，就是：

我們必須自己去尋找人生的答案，但我們首先要將自己當成一個人，也要將別人當成一個人。

「我憧憬這樣的婚姻生活：兩個人有自己的空間，每人有一間獨處的屋子，當我進入這個屋子，我會關上門，重重地關上，任何人都不能進來，他也一樣。」

二十四歲的Jane對向日葵心理諮詢中心的諮商師胡慎之說：「沒有男人會接受這種婚姻生活，所以我找不到可以結婚的男人。」

「沒有人能讓我愛上，我也絕對不會去愛別人」

Jane是中國東莞的一名中學音樂老師，家族中有西方血統，她也長得像《史密斯任務》中的女演員安潔麗娜裘莉一樣迷人。但是，她拒絕愛情，堅決不愛男人，也不接受男人的愛。她只接受性。

她有一個長期的情人，同時還有多名不固定的性伴侶。她對胡醫生說，自二〇〇三年春天以來，她已經和多名男性網友上過床。

她的情人——她從不稱他為「男朋友」，因為男朋友意味著承諾，而情人意味著曖昧。她的情人知道她跟很多網友上床的事情，但從不過問，更不在乎。因為，他的感情生活比她更加糜爛，性伴侶更多。

Jane和情人達成了一個協定：需要的時候，可以隨時去找對方，但彼此不能干涉對方的事情。

不僅如此，Jane不知道情人的名字，不知道他的工作情況，不知道他的婚史……她只知道他的ＩＤ——即網路匿稱。反過來，情人也差不多如此，他也只大概知道 Jane 是教音樂的，但不知道她在哪裡教書，也不知道她其他具體的事情。

這是現在網路世界裡一種並非罕見的「虛擬關係」，Jane和情人因此獲得了感情和性上的自由。但這仿佛是地獄一樣的自由，滋味並不好受，Jane極度空虛，經常被一種說不出的難過壓倒，失眠成為一種常態，倒頭就睡反而成為一種奢侈。所以，她找了心理諮商師。

但是，雖然開始心理諮商，Jane卻不知道自己到底想改變什麼，想從諮商師這裡得到什麼。她袒露了自己的空虛、難過、失眠等，但拒絕談她的一切詳細情況。而且她與其他來訪者不同，似乎也沒有興趣瞭解胡醫生的詳細情況。

就好像是，她和胡醫生仍然活在網路的虛擬世界裡，她沒有興趣瞭解現實。

「沒有人能讓我愛上，我也絕對不會去愛別人。」這是Jane最常說的一句話。

現實生活中，Jane的追求者很多，也有網友愛她愛得死去活來。但每當到了這種時候，她就會換掉原來的電話，切斷一切聯繫。如果有必要，她還會搬家。

為什麼這麼冷酷無情？Jane 的回答是：「他們喜不喜歡我、愛不愛我，是他們自己的事，關我什麼事？」

對於婚姻，Jane 並非完全抗拒，她說，她很想「擁有一個家，擁有自己的房子……有錢就能買到房子，但我沒錢，所以結婚倒不失為一個辦法」。

不過，她對婚姻生活的構想是：「兩個人有自己的空間，每人有一間獨處的屋子。」

美國心理學家托瑪斯・哈里斯（Thomas A. Harris）認為，人際模式可以分為四種：我行，你不行；我不行，你行；我不行，你也不行；我行，你也行。前三種都是不健康的人際模式，「行」的一方相當於父母，「不行」的一方相當於孩童。

「我行，你不行」的關係中，「我」將自己視為強大如父母一樣的成人，將他人視為孩子。這種關係中，「成人」對「孩子」不是無條件的愛，而是操縱與控制，要麼以有條件的愛去控制，要麼對「孩子」絲毫不關心而變得無比冷漠。

冷豔的 Jane 對一切追求者冷酷無情，其中的表面邏輯正是「我行，你不行」。

戀愛中，雙方都會自然而然地變回孩子，彼此將對方視為父母。如果兩人都是「好父母」，彼此給予無條件的愛與關注，那麼「孩子」就會在這次戀愛中長大，最終得以從人格上告別原來的家庭，成為真正的成年人。

但是，Jane 拒絕被愛，拒絕成為孩子，她也拒絕愛，拒絕給予對方無條件的積極關注。這種冰冷的關係會折磨一切愛上她的男人，他們會產生強烈的無能為力感，感到受傷，就像孩子張開雙臂渴求媽媽的愛，卻被媽媽冷酷地遺棄。

但是，這種強大而冰冷的成人形象背後，必然隱藏著一顆傷痕累累的心，那也是一顆受過傷的孩子的心。

愛情一開始都是在重複童年的模式

慢慢地，Jane 開始談一些生活瑣事。她告訴胡醫生，她是「從浙江逃到廣州的」，她的父母是當地的藝術界名流，爸爸是一名藝術史學者，媽媽是一名文化商人，家境富有。因為工作繁忙，Jane 小時候是和爺爺奶奶一起長大，直到國一才被接回家中。

Jane 恨父母，因為他們「自私自利，我需要他們的時候，他們不在我身邊，他們只為自己考慮，從不考慮我的感受」。他們只關心她的學業，期望她成為一名一流的音樂家，只有當她有進步的時候，他們才笑顏逐開；她的表現不讓他們滿意時，他們就會挑剔她、指責她。

「壓力太大了，所以我要逃離這個家。」Jane 說。

二十歲「逃到」廣州後，Jane 認識了一個男朋友。二十二歲的時候，他們分手，而 Jane 也引產了一個六個月大的胎兒。Jane 拒絕對胡醫生講述這次感情的細節，只是說「兩年前，我已經死去了」。

顯然，這次感情創傷給 Jane 留下了很深的傷痛，她不想再次被傷害，所以才拒絕再愛。

在諮商室，Jane 經常說：「我不能再產生感情，因為一愛就會陷進去，陷進去就會奮不顧身，完全為對方著想，為他放棄一切。但最後什麼都得不到，只剩下滿身的傷痕。」

別人愛上 Jane，會變成一個孩子，Jane 愛上別人，也會變成一個孩子。

但是，每個人變成孩子的時候都不一樣。那些在健康家庭長大的孩子，他們會變回一個健康的孩子；那些在不健康家庭長大的孩子，他們會變回一個不健康的孩子。我們很少明白這一點，我們以為自己是活在現在的關係中，其實愛情一開始都是在重複童年的模式。

Jane 的童年模式是「你行，我不行」。她的父母都是藝術界名人，所以「你行」；她不能超越父母，也無法實現父母對她的期望，所以「我不行」。

更重要的是，如果孩子很小的時候就被父母「遺棄」，那麼，這個孩子一開始不會恨父母，而是會自責，他會認為「一定是我不好，所以父母才不要我」。這是「我不行」心理的最深根源。

Jane正是如此，她從小和爺爺奶奶一起長大，直到國中才被父母接回家。現在，她恨父母自私，不愛她。但她幼小的時候，是沒有力量去恨的，她只能自責，只能形成「我不行」的心理。

父母不要我，一定是我不好

阿亮是一所知名大學的博士，談了多次戀愛，但每一次不是他後退，就是對方落荒而逃。最後，他自己找到了癥結：只要愛到深處，他必然會下意識認為「我不行」，因此變得非常敏感。譬如打電話的時候，如果談到中途戀人說「我有事，先掛了」，他會敏感地認為，一定是自己不好，他會一遍遍回憶剛才電話中的談話內容，分析自己究竟說錯了什麼。有心理學知識背景的阿亮說，這種感覺就像，「父母不要我了，一定是我不好」。和Jane一樣，阿亮小時候也是在爺爺奶奶家長大的。

Jane說，「一愛就會陷進去，陷進去就會奮不顧身，完全為對方著想，為他放棄一切」，這聽起來似乎很偉大，但實際上，她不過是在重複她在童年形成的「你行，我不行」的人際模式。她童年時一樣會「完全為對方著想」，目的就是得到父母愛的回報。

胡慎之說，可以料想，當她國中剛回到父母身邊，她一定也「完全為父母著想過」，但她很快就失望了，她發現父母並沒有回報給她愛，只回報了壓力。他們的愛是有條件的，那就是「妳只有在音樂家之路上有進步，我們才愛妳」。

父母這樣做的邏輯是，Jane 已經長大了，他們要像對待大孩子一樣對待她，但殊不知，這個大孩子「被遺棄」的情結還沒有解決，她的心中其實是一個被父母遺棄的幼兒。

對男朋友，她應該是重複了同個模式。她「完全為對方著想」，是想贏得男友的愛。所以，儘管只有二十二歲，她都願意為他生一個孩子，彷彿這是她贏得他的愛的條件。如果這次戀愛成功，她的「你行，我不行」的心理模式或許會被治療好，但不幸的是，即使她「完全為對方著想」，還是沒有贏得愛。

對父母，Jane 一開始是自責，「你行，我不行」。但後來，她恨他們，「我行，你不行」。在感情上，她又重複了這個模式。對男友，她是「你行，我不行」。現在，對情人、性伴侶和所有追求者，她是「我行，你不行」。

可以料想，Jane 認為，她在這次戀愛與失戀中的情感都是獨立的。但實際上，她的情感基礎早在童年，與父母的關係模式上就已建構，這次戀愛不過是重複過去罷了。

到現在，Jane 已經在廣州待了四年，但經過最近兩年的混亂生活後，原來結交的朋友都疏遠了她，生活中的人際圈子只剩下了網路。男性關係只有情人和性伴侶，女性朋友清一色是和她一樣的「玩咖」。

只有一個例外——她的大學同學小薇。

小薇和Jane同齡，當時剛和大自己十歲的孟輝結婚。兩人很恩愛，也非常戀家。不過，孟輝非常討厭Jane，他極力反對妻子和Jane來往，一接到Jane打給妻子的電話，他會憤怒地把電話摔到地上。

不過，文弱、漂亮又女人味十足的小薇骨子裡卻頗有主見，她不顧丈夫的反對，堅持做Jane的好朋友。她還常告訴孟輝，說Jane沒有像他想像的那麼壞。

小薇的真情令Jane感動，她對小薇也百般照顧，甚至好過對自己。當小薇工作有進展，生活中有好事，她比小薇還興奮、快樂。Jane非常珍惜與小薇的友誼，她對胡慎之說，有時她覺得小薇是她生命中唯一的美好，好像「自己的世界是極黑極黑的夜，而小薇就是黑暗中的一點燭光，雖然有點微弱，卻照亮著、溫暖著我的心」。

然而，Jane最近幾次做了一個同樣的夢，令她感到惶恐。她夢見，自己先嫁給孟輝，還舉行了一個輝煌的婚禮，接著，孟輝又舉辦了一個更輝煌的婚禮娶了小薇。後來，三人同坐一輛車出行，孟輝將Jane從車上踢了出去。瞭解一點佛洛伊德的Jane說，她知道夢是願望的實現，這個夢表明她對孟輝有不軌之心，這讓她感到非常內疚，覺得對不起小薇。

無條件愛自己，也無條件愛別人

哈里斯說，真正健康的關係模式是「我行，你也行」，即無條件愛自己，也無條件愛別人。無條件愛自己，可以遠離「我不行」的惶恐，理解並接受自己，在做個人決定時以自己為圓心，而不是以別人為圓心。無條件愛別人，可以理解並接受別人，在關係中不陷入自私自利的自我中心主義，真正和別人和諧相處。

無條件的愛既是可以照亮自己的燈塔，也是可以照亮別人的燭光。

小薇對 Jane 正是無條件的愛。其他人都棄 Jane 而去，這只會更加重 Jane 對愛的絕望。她恨父母，因為父母的愛是有條件的，那就是她必須成為一個好的音樂人；她也恨其他人，因為他們的愛也是有條件的，那就是她必須做一個好人。

因為恨父母，她變得叛逆；因為這種叛逆，當別人都棄她而去，Jane 會在自己那條黑暗的路上越走越堅定，哪怕那條路像地獄一般黑暗。

小薇的愛是Jane心中的燭光。但如果小薇不是Jane的好朋友，而是Jane的戀人或父母，這點燭光就會變成燈塔，甚至變成太陽，驅走她的黑夜，把她帶向白天。

小薇無條件愛她，她也無條件愛小薇。她不自愛，所以會愛小薇更勝於愛自己。

猶太哲學家馬丁•布伯將關係分成兩種：「我與它」和「我與你」。

在「我與它」的關係中，為了更好地生存和滿足需要，「我」將自己當作唯一的主體，其他人都是客體，都是「我」可以利用的物件，是實現自己目標的工具。這些目標可以很低俗，譬如飲食男女這些生理需要，但也可以看上去很高尚，譬如愛。

其實，有些父母愛孩子愛到令孩子沒有一點個人空間，有些戀人則以愛的名義傷害對方。他們都會說「愛」，但他們的關係實際上是「我與它」的關係，對方只是他們實現自己目標的工具。

在「我與你」的關係中，「我」將自己當成主體，也將別人當成和自己一樣的主體。「我」無條件自愛、愛別人。只有這樣，我們才能真正理解並接受自己和他人。

「我行，你不行」「我不行，你行」「我不行，你也不行」這些人際模式都是「我與它」，只有「我行，你也行」的人際模式才是「我與你」，才是互愛之路。

「夢的確是願望的實現，但經常不是直接願望的實現，而是象徵。妳不是想從小薇那裡奪走孟輝，妳只是渴望擁有那樣的生活。而且，夢不等於現實。我們需要對現實負責任，我們也能控制現實。但我們不能控制夢，也不需要對夢負責任。」胡醫生的一番解釋令Jane感到釋然。

接下來，胡醫生對這個夢做了更深層次的分析：

1. 孟輝象徵著道德的生活方式，嫁給孟輝意味著Jane有過正常生活的願望。但是，孟輝遺棄了她，這意味著 Jane 覺得自己被正常的生活方式遺棄。

2. 孟輝和小薇是她理想中的父母，按照佛洛伊德的理論，孩子們在小時候都有和同性父母爭奪異性父母的衝動，所以 Jane 夢見自己先嫁給了孟輝，這是假的。小薇嫁給孟輝，就像媽媽嫁給爸爸，這是真的。他們三人在同一輛車裡，就像是Jane和父母在一個家裡。但是，她被這個家遺棄了，她被爸爸遺棄了。

3. 孟輝非常反感她，她擔心自己會因此失去小薇的愛。

這個夢可能還有更現實的含義，胡醫生說，孟輝可能在某些方面像Jane以前的男朋友。他猜測，他之所以離開Jane，可能是因為有了第三者。孟輝將Jane從汽車裡踢了出去，可能象徵著 Jane 被以前的男友遺棄。

但是，因為 Jane 並沒有告訴胡醫生她以前的感情故事，所以胡醫生並沒有向她透露這個分析。

胡醫生說，不貿然說出這個分析，是非常有道理的。一些做心理治療的新手，一發現來訪者的潛意識，就會迫不及待地說出來，但因為諮商師和來訪者的關係還沒有建立好，這樣做就像是撕開了來訪者的傷疤，但諮商師又沒有能力撒上藥去治療它，只能放任傷口在風中備受摧殘。

胡醫生說：「潛意識的揭開必須與醫患關係的安全程度相匹配，諮商師只有確信自己能處理的時候，才去解開來訪者的潛意識。」

胡慎之說，和 Jane 談話的時候，他常有一種奇怪的感覺，似乎，不是一個真正的人在和他談話，而是一個虛假的人在說話。這個人神情迷離，玩世不恭，對什麼都不在乎，常開一些輕飄飄的玩笑……這一切都像是空氣一樣，從他耳邊掠過，他記住了，但又好像沒有記住。

他說，他斷定這個時候的 Jane 是假的，是一個人格面具。這個人格面具放縱、冷酷，而且貪婪。

但胡慎之感覺到，真正的 Jane，是一個可憐的小女孩，她認定誰都不愛她，她擔心所有親密的人最後都會遺棄她，所以她索性不和別人親近，「是我先拒絕了你們，你們再拒絕我，我就不會感到受傷了」。

真正的 Jane 有點任性，但非常單純，實際上對錢一點都不在乎。真正的 Jane，其實非常沒自信，儘管像裘莉一樣漂亮迷人，但她走路時總是低著頭，而且走得歪歪扭扭。

Jane 已分裂成兩半。虛擬世界裡的 Jane，人際模式是「我行，你不行」；真實世界裡的 Jane，人際模式是「你行，我不行」。綜合起來的 Jane，是「我不行，你也不行」，她對人性感到絕望，對自己一樣絕望。

在這種綜合人際模式之下，她和網友們互為工具。對方是她滿足自己的工具，她也是滿足對方的工具。

她的情人，或許和她一樣持有「我不行，你也不行」的人際模式，兩人都不再去愛，也拒絕愛，於是兩人都不相互糾纏，反而有一種絕望的默契。

胡慎之說，小薇留住了 Jane 對美好的一點嚮往。Jane 也對他說，做教師的時候，她也常從孩子身上感受到無條件的愛，感受到希望。如果沒有這些希望，Jane 會徹底沉淪到黑漆漆的世界裡，那裡似乎有自由，但那實際上如地獄般痛苦。

現在，作為一名心理諮商師，胡慎之要做的，就是給予她無條件的積極關注，與她建立一種成人間的「我行，你也行」的健康關係，讓她體驗到這種關係是多麼美好，從而讓她主動走出黑暗。

網路匿名讓人丟失「超我」

「在網路中，我變成了另外一個人。」這是我們經常聽到的說法，但是，為什麼網路會讓一個人變成「另外一個人」呢？

佛洛伊德認為，一個人的人格有三部分：超我、自我和本我。超我是一個人內化的社會規則，本我是人的本能衝動部分，而自我則是人格中的協調者，不讓超我過於強大，那容易把人變得僵硬、乏味，只講規章制度；也防止本我過於強大，不讓人變成被本能操縱的動物，為所欲為，不負責任。

在現實社會中，一個正常人的超我、自我和本我同時共存。但是，在網路中，人的超我會嚴重降低。

之所以如此，美國學者金柏莉・楊（Kimberly S. Young）博士解釋，原因在於匿名性。在網路交流中，因為隱匿了自己的真實身分，會讓人變得更加不負責任，為所欲為。

一些交友網站試圖採取實名登記的方法加強網友的責任感，但這一點幫助並不是很大，因為網友在交往中還是以網路ＩＤ相稱，很少稱呼真名。

胡慎之說，我們的真名先被父母稱呼，又被同學、同事稱呼，它不僅是一個簡單的名字，也富含豐富的心理色彩，名字本身就代表著一個人的超我和自我。當有人稱呼我們的名字，會喚起我們的身分感。但網路ＩＤ不具備這個心理特徵，一些人同時採用多個ＩＤ，一個很重要的原因就是想減少自己的身分感，即降低超我對本我的管理。

優秀的女性爲什麼怕成功

很多女性有了事業之後，家庭本身可能就不幸福了。但我和我丈夫兩人卻學會了一起努力來平衡事業和家庭。我認為對男人來說，最重要的是在感情上讓他們有安全感和滿足感，不要讓他們有一種「老婆成功，自己不行」的感覺。我的丈夫非常善解人意，他在感情上也靠得住。

——基蘭・馬宗達爾—肖（Kiran Mazumdar-shaw）
印度最富有的女性，生物製藥公司 Biocon 的創始人

我們是否具有很高的成就動機

一天，我陪一個朋友去中國北京辦事，我們約在機場見面，她早早訂了機票，時間是下午五點半。我怕遲到，於是四點就到機場，但一直不見她的身影。給她打了多次電話，沒接，

發簡訊也沒回。

直到五點〇五分，她才姍姍來遲。「抱歉，我的兩隻手機都調到了靜音。」她一臉歉意地說。

這倒沒什麼，我說，因為在等待的時候，我一直在看書，所以不會浪費時間。但問題是，趕不上原本的班機，我們只能改簽下一班。結果，兩張本來四五折的機票，改簽成兩張九五折的機票，多花了近一千五人民幣。好在，這位朋友雖然年輕，但有一個規模不大不小的工廠，生意很好，稱得上是成功人士，這點錢不會讓她心疼。

不過我發現，她手腕上戴著手錶，而且來機場的路上，她有專門的司機。然而，在到機場前的約兩個小時內，她一次時間都沒看過。這就很有意思了。

更有意思的是，她告訴我，搭機遲到對她來說是常事，「一半一半吧」。也就是說，一半時間能趕上原本班機，一半時間要改簽，而她每年差不多要坐二、三十次飛機。

為什麼會這樣？

和她聊了很久後，我找到了答案：優秀女性對成功的恐懼。

很多女性對可以預期的成功懷有恐懼，這是美國心理學家馬蒂娜•霍納（Matina Homer）在一九六八年發現的一個現象。原因有多種解釋，最常見的解釋是，如果太成功了，女性會擔心自己在與異性的親密關係上遇到麻煩。她們下意識認為，男人懼怕優秀的女性，懼怕和成功的女性建立親密關係，除非自己比她們更強大。因為這種恐懼，許多優秀的女性會做一些連自己都不明白的莫名其妙的事情，以避免自己過於成功。

我這位朋友，她日常生活也經常遲到，甚至在商務談判中也如此。而且她總說自己很笨，「是別人幫我把事情做好的」。此外，她的生活也比較缺乏計劃性。

對她而言，這些做事風格，和趕不上飛機一樣，其心理意義是，她在對自己、對周邊的男人、對整個社會說：「你看，我不是一個渴求成功的女人。我這麼沒計畫、沒條理，我經常遲到。所以說，成功不是我做來的，而是上天的安排與恩賜。」

或者，這樣做有更直接的意義，那就是毀掉一些機會，從而得以避免更成功。

成就動機的強弱，在相當程度上決定人的成功與否。

心理學家認為，成就動機含有兩種成分：追求成功的傾向和避免失敗的傾向。成就動機的水準，等於追求成功傾向的強度減去避免失敗傾向的強度。所以，前者越強，成就動機就越強，後者越強，成就動機就越弱，因為如果太害怕失敗就會不敢接受挑戰，從而迴避困難的任務。

高成就動機者具備以下三個特徵：

1. 具有挑戰性與創造性。高成就動機者具有開拓精神，喜歡富有挑戰性的任務，並全力以赴獲取成功。他們富有創造性，總是力圖將每件事做得盡可能好。

2. 具有堅定的信念。他們目標明確，對自認為有價值的事情會持之以恆，無論遇到多大困難，始終不放棄自己的目標。

3. 正確的歸因方式。他們把成功歸因於能力與努力，把失敗歸因於缺乏努力這種可變的內在因素上，這種歸因方式會使他們總是從自己身上尋找答案，並改變自身的缺點，不斷努力，不斷進取。改變自己是最容易的，但低成就動機者總是把成功歸因於外在原因，如運氣，於是自己不去努力改變自己，從而喪失進步的機會。

關於成就動機的兩種傾向可以用下面這個例子說明。這位常遲到的朋友，其實有很高的成就動機。她最初的工作是業務，她回憶說，每次敲客戶的門，她從不曾感到害怕，哪怕面對超大型公司的老總級人物，尚是一個黃毛丫頭的她仍能鎮定自若地與對方交談。她說，「我從不怯場，這是自然而然的，沒有半點偽裝」。換成心理學語言就是，她避免失敗的傾向極其微弱。

另一個例子——小琪，就是因為毀掉一個又一個機會，所以工作能力極其出眾的她，儘管已三十七歲，卻仍然只是一家小公司的小經理。

「我是做了一次心理諮商後才意識到自己有成功恐懼。」小琪在接受採訪時說，「成功恐懼的第一次表現是考大學的時候。」

她回憶說，她高三的成績非常優異，足以上北大、清華這種一流學校。但是，第一次考試時，她發揮失常，結果落榜。因為父親對她的期望很高，所以她沒去上，而是選擇重考。第二年，她發揮正常，超出清華分數線近三十分，但在填志願時，她違背爸爸的意願，選擇了爸爸的母校——一所普通的大學。「現在回想起來，是我害怕上比爸爸母校更好的學校，因為那意味著我比爸爸還出色。」小琪說。

大學四年，小琪成績一般，卻是風雲人物。她愛跳舞，又擅長策劃活動，「出過各種風頭」。畢業時，她被分配進一家大型的國營外貿公司，「是當年第一個被提拔的畢業生，也是公司歷史上升職最快的新員工」。三年後，她決定辭職。

這一次辭職的原因看起來很容易理解。小琪離婚了，所以想換一個環境。這次她找的是一家港資電子類公司。一進公司，因為她有豐富的工作經驗，老闆想安排她做一個部門經理，但小琪拒絕了。「我要求從最低級的業務做起，老闆很高興地答應了，他以為我是喜歡挑戰的人，我當時也這麼認為。」小琪說。

兩個月後，小琪成為公司的銷售冠軍，被提拔為部門經理——這正是她一開始就可以獲得的職位。又過了兩個月，公司打算升她為副總。但是，她又辭職了。

「這次沒有什麼明確的原因，我也不清楚為什麼要辭職，只是覺得很累，不想再做電子這一行了。」小琪說，「大家都覺得我莫名其妙，畢竟副總不需要每件事都親力親為，如果會統籌工作，還是可以做得比較輕鬆。」

接下來，她又換了幾個工作，每進入新公司，她都要求從「最初級的業務做起」，等升到一定位置後，她就又辭職了。職位最高的一次也是副總，但剛升上去一個月，她又辭職了。

後來，她乾脆自己開了一家公司，銷售機票、火車票。「當時這種公司很少，很賺錢。我公司裡的小女生最多一個月都可以賺到兩三萬元，我的收入就更不用說了。」

這樣做了一年，小琪把公司關了，又是「說不清楚的原因，我跟別人說，是嫌麻煩，但實際上，我自己也覺得有點搞不清楚」。

就這樣，小琪不斷跳槽，到現在已經記不清楚跳了多少次。而且她在一個城市「待膩了」，就換一個城市。迄今為止，她已在五六個城市工作過。

這是一個奇跡，做過公司副總、自己開過公司而且有一系列「輝煌回憶」的小琪，現在只是一家僅有十餘名員工的小公司的小經理。

「不能再這樣下去了，我一定是有什麼地方不對勁。」小琪說。於是，她兩個月前去找心理諮商。

高成就觸發內心強烈的愧疚感

在諮商室裡，小琪最先談了考大學的事，諮商師問她：「妳是害怕成功嗎？」小琪回憶說，聽到這句話，她當時有一種「五雷轟頂」的感覺。接下來，諮商師和她探討害怕成功的原因，她的內心深處一直不願被觸及的痛苦回憶終於被觸動了，而那正是答案。

原來，在離婚前，她哥哥遭遇了一場意外的橫禍而慘死。慘禍發生之後，她一直是家裡最堅強的人，從打理後事到出殯，都是她一手辦理的，而且她也極力撫慰父母破碎的心。但是，「我內心深處的愧疚感卻無法處理。」小琪說。

原來，小琪從小就是父母的寵兒，她非常聰明，爸爸對她寄予極大期望，而對她哥哥卻沒有。她也不負爸爸厚望，從小學到高中一直都是學校的資優生。

「小時候，爸爸讓我做什麼，我就做什麼，不覺得有什麼問題。但考大學時，我潛意識中不願意超越哥哥。等上了大學後，可能是女孩們共同的成功恐懼也感染了我，所以我不再刻苦學習。爸爸對我的期望是做中國的居里夫人，但現在，我只想做一個女孩。」

大學時代，小琪就隱隱有了內疚感，「仿佛是，我開始覺得，不應該比哥哥強，我把本來屬於哥哥的寵愛奪走了」。

哥哥的慘死一下子將這種內疚感激發到頂點。「內心深處，我後悔自己比哥哥強，我占有了那些屬於他的東西，我想他應該比我優秀才對。」小琪說，「潛意識中，我決定把自己得到的這些還回去。於是，我一次又一次地透過沒有價值的跳槽來懲罰自己，直到今天。」

小琪的故事中，還有一個受害者——她的前夫。

因為對死去哥哥的內疚感，小琪極力懲罰自己，離開前夫同樣是對自己的懲罰。其中的心理意義有很多種可能。或者，哥哥——這個親密男人的慘死帶來的傷痛太重了，小琪不想再重複第二次，所以她先斷絕更親密的關係——與丈夫的關係，以防止這種可能性的發生；或者，只要一個與異性的關係讓她覺得自己比男人優秀，她就要逃，因為這個關係和她與哥哥的關係一樣，會讓她極為內疚；或者，因為她無法接受自己最重要的部分——她很優秀，而變得也無法接受自己最親密的人。

「對優秀的女性來說，最好的辦法就是忠於妳自己，接受妳的確優秀的事實。」中國科學院心理所博士陳祉妍說，「我們如何對待自己，就會如何對待別人。如果我們否認自己，就容易否認別人。」

請接受自己優秀的事實

「事實一旦產生，就不容否認，也無法否認。」陳祉妍說，「如果妳的確很優秀，但又不想承認這一點，極力否認這一點，那麼，妳內心對優秀的渴望會更強烈。只不過，妳不再要求自己優秀，而是要求親密關係中的其他人優秀，譬如妳的戀人、丈夫或孩子。並且，除非他們比妳更優秀，否則妳會攻擊他們，認為他們配不上妳。」

我的一個研究生同學，她是我們公認最有天賦的人，最有可能在心理學上有所成就。然而，她自己對被公認為頭號才女感到不舒服，她說：「在很長的時間內，我想極力掩飾自己是一個才女的事實，我內心中隱隱覺得，不這樣做就嫁不出去。」

這種掩飾在她結婚後達到頂點。那段時間，我每次見到她都覺得很難過，因為她身上那種天才的銳氣似乎消失了，她「變成」了一個中規中矩的家庭婦女，而且走起路來，個子很高的她總是彎著腰。但儘管她做了這些努力，仍沒能維持住婚姻，相處了近兩年後，她和丈夫離婚了。

「我以為否認自己的優秀，把它們壓下去，就可以和男人相處。」她說，「但我錯了。扭曲自己，否認自己，必然會覺得很委屈，於是我最後把這種委屈轉嫁給我的前夫。」

其結果就是，她一開始認為自己能接受這個有點平凡的男人。但最終，她對他越來越挑剔，雖然這種挑剔沒有表現出來。譬如，她從不說刻薄的話或做刻薄的事以刺激丈夫，但卻越來越不願意看到他。

「這不是他的問題，而是我的問題。」她說，「優秀的女人勢必有對優秀的渴望。否認自己優秀，不再成長，就會把這種渴望投射到身邊的人身上（伴侶）。如果伴侶果真卓越，就會欣然接受；如果不如自己，就會很憤怒，恨他怎麼那麼差勁！」

她繼續說：「之所以如此憤怒，首先是因為對自己憤怒，因為否認了自己最重要的天分，但這部分不會消失，它會反抗自己的壓制，讓妳心中充滿憤怒。而且這種憤怒藏在潛意識中，尋找一切機會噴湧而出。那個機會就是伴侶脆弱的時候。」

這對關係有巨大的殺傷力，因為再強大的人，脆弱的時候，也需要理解與保護。

其實，不管男人女人，都有脆弱的一面，如果能全面接受自己，既能接受自己的脆弱，又能欣賞自己的優秀，那麼，也會安然地接受自己的伴侶，欣賞他的優秀，接受他的脆弱。這時候，關係會自然而然地變得和諧。

男性也有成功恐懼

女性的成功恐懼到處可見。譬如，在接受新工作或新職務時，女性常猶豫不決，總是先考慮自己能力是否足夠，或是說「我要先回去跟家人商量……」。此外，年輕女性也常常在閒談中說：「不想做了，找個老公養我就好！」

這看起來像是玩笑話，但實際上卻反映了女性恐懼成功的集體潛意識。

馬蒂娜・霍納是最早研究女性成功恐懼的心理學家。一九六八年，她請女大學生構思一個故事，故事開頭是「第一學期末，安妮發現自己在醫學院的班上名列第一」，而對於男大學生，開頭的人名「安妮」改為「約翰」。結果發現，68%的安妮，故事比較悲慘，典型的故事是她取得事業成功，但婚姻不幸，不是遲遲找不到另一半，就是離異。相反，91%的約翰，故事比較幸福，最終的結局多是「才子佳人」，不僅事業成功，還找了一個漂亮老婆。

霍納因此提出女性有恐懼成功的傾向，原因在於社會和家庭給她的定位是柔弱的、被保護的、不拋頭露面的，所以成功就意味著對這種性別角色定位的挑戰和背叛。

不過，女性並不是恐懼所有成功，在符合女性性別角色定位的職業上，如護理師、音樂、演藝、文學等方面，女性的成功恐懼就比較低。相反，在女性的傳統領域，男性反而有明顯的成功恐懼。譬如，《資訊時報》有一篇報導稱，「男護理師在各大醫院受歡迎，戀愛上不受歡迎」。因為護理師是女性的傳統領域，於是，在人們的潛意識深處，護理師和女人味之間畫上了等號，女孩會下意識擔心「男護理師＝有女人味的男人」，而不願意和他們談戀愛。

劉玲是一個有上進心的女孩，立志做一名鐳射專家。經過努力，她在大三的期末考中取得了年級第一名的成績。她非常高興。她想，這是向理想邁出的第一步，但離人生目標還有很長的路要走，無論多難，她都會堅持下去。此後，她更加發奮學習。同學們梳妝打扮時，她在圖書館學習；情侶們外出逛街時，她在實驗室做實驗。漸漸地，她與周圍同學疏遠了。

父母勸她，女孩子有個大學文憑就足夠，不然會嫁不出去。她仍堅持己見。三十三歲時，她獲得博士學位。隨後幾年，她成績斐然。然而，她的婚姻問題一直沒解決，每天晚上都與孤燈相伴。後來，她不得不委屈自己，與一位六十多歲喪偶的公務員結婚。沒想到，結婚才一年，丈夫就提出離婚。劉玲感嘆道：「處理好家庭與事業的矛盾真是一門比鐳射還艱深的學問！」

——一名女大學生對女性成功故事的想像

趙剛是年級中的佼佼者，這次又考了第一。當然，鐳射本來就是男生的專利！班裡的女生學起來彷彿不要命，她們關心分數，但男生這樣做就很難。大部分人對趙剛的成績沒什麼想法，只有成績在他後面的幾位女生不服氣，認為趙剛只是運氣好而已。趙剛自己對此也並不十分看重，他只看重過程。假如趙剛結婚，他的妻子一定是個「佳人」，才子佳人，郎才女貌嘛。婚後的趙剛事業會更上一層樓，家庭幸福美滿，孩子很有教養。

——一名男大學生對男性成功故事的想像

心理測試：測測你的成功恐懼

1. 碰到一個想要的工作機會時，我常懶得表現出興趣。

A完全不像我　B不太像我　C很不像我　D很像我　E完全像我

2. 我常擔心如果工作能力太好了，主管會加重我的負擔。

A完全不像我　B不太像我　C無所謂像不像我　D很像我　E完全像我

3. 應邀參加對事業有幫助的社交活動時，即使不認識任何人，我也會出席。

A完全不像我　B不太像我　C無所謂像不像我　D很像我　E完全像我

4. 即使工作報告是我準備的，我也寧願別人出去講，因為這樣我才能退居幕後。

A完全不像我　B不太像我　C無所謂像不像我　D很像我　E完全像我

5. 當我獲獎或升職時，我常覺得受之有愧。

A完全不像我　B不太像我　C無所謂像不像我　D很像我　E完全像我

6. 和老朋友維持友誼，總比上升太快失去他們好。

A完全不像我　B不太像我　C無所謂像不像我　D很像我　E完全像我

7.當同事、朋友為我的成功歡喜，我自己卻沒反應。

A完全不像我　B不太像我　C無所謂像不像我　D很像我　E完全像我

8.對賺錢比我多的人給我的理財建議，我常常「聽聽而已」，不感興趣。

A完全不像我　B不太像我　C無所謂像不像我　D很像我　E完全像我

9.對財務狀況做重大的改善，會干擾到我的生活情形。

A完全不像我　B不太像我　C無所謂像不像我　D很像我　E完全像我

10.我認為自己越成功就會有越多的人因為「某些理由」對我產生興趣。

A完全不像我　B不太像我　C無所謂像不像我　D很像我　E完全像我

11.在桌球、網球等比賽中重挫對手，會讓我覺得很爽。

A完全不像我　B不太像我　C無所謂像不像我　D很像我　E完全像我

12.我不喜歡把自己的名字和一些成功產品或計畫相提並論。

A完全不像我　B不太像我　C無所謂像不像我　D很像我　E完全像我

13.比起不惜一切代價出人頭地的人，我更有價值。

A完全不像我　B不太像我　C無所謂像不像我　D很像我　E完全像我

14.我知道我是天生贏家。

A完全不像我　B不太像我　C無所謂像不像我　D很像我　E完全像我

15.雖然有條件賺錢，我還是寧願做些有意義的事。

A完全不像我　B不太像我　C無所謂像不像我　D很像我　E完全像我

16.對別人努力爭取卻無法得到的工作，我會積極爭取，因為這是表現自己的機會。

A完全不像我　B不太像我　C無所謂像不像我　D很像我　E完全像我

17.如果有人在工作上侮辱我或錯怪我，我通常不會和他們爭辯，即使因此失去合作機會，我也不在乎。

A完全不像我　B不太像我　C無所謂像不像我　D很像我　E完全像我

18.當大家為聚餐地點或電影選擇意見不一，我通常不會有任何主張。

A完全不像我　B不太像我　C無所謂像不像我　D很像我　E完全像我

19.我覺得勝敗無定論，主要是自己怎麼做。

A完全不像我　B不太像我　C無所謂像不像我　D很像我　E完全像我

20.有錢有勢讓人有好感，比瀟灑美麗引人注目好。

A完全不像我　B不太像我　C無所謂像不像我　D很像我　E完全像我

21.覺得做有興趣但賺不了大錢的工作，不是什麼好事。

A完全不像我　B不太像我　C無所謂像不像我　D很像我　E完全像我

22.你覺得為別人花錢容易，為自己花錢難。

A完全不像我　B不太像我　C無所謂像不像我　D很像我　E完全像我

23.即使有更好的工作機會等著我，我也不會離開我一向做得很好的工作。

A完全不像我　B不太像我　C無所謂像不像我　D很像我　E完全像我

24.我不太會引人注目，倒是常會被人吸引。

A完全不像我　B不太像我　C無所謂像不像我　D很像我　E完全像我

25.我在乎自己覺得有多少成就，而不是別人的看法。

A完全不像我　B不太像我　C無所謂像不像我　D很像我　E完全像我

計分規則：第3、11、13、14、16、19、20、21題，A．B．C．D．E的選項得分分別為5、4、3、2、1，其他題的A．B．C．D．E的得分分別為1、2、3、4、5。如果得分在50分以下，說明你的成功恐懼比較低，如果得分在100分以上，說明你的成功恐懼比較高。分數越高，成功恐懼越高。

愛情關係中的珍惜原則

別在私人關係中做太絕

愛情，本是最美好的事，如果加入算計與掠奪，就成為最惡劣的事。

一個人的世界，可以分成兩部分：一，以工作關係為核心的社會領域；二，以親密關係為核心的私人領域。

兩個領域都有各自的核心規則，社會領域的規則是權力，目的是爭奪誰能作主，當然最好是我作主；私人領域的規則是珍惜，即我尊重你的本真（Aqthemticity）。

如果在社會領域主要使用珍惜規則，而摒棄權力規則，或在私人領域太過於使用權力規則，都容易將我們的生活弄得一團糟。

同時，我把在私人領域使用權力規則，稱為「汙染」。

在私人領域，嚴重使用了權力規則，而被侵犯的對方卻傻傻地使用珍惜規則，結果會被掠奪得一乾二淨。

人在做，天在看。

這個天，在過去，是我們想像中的老天爺，當然也有我們內在的良心。

我使用珍惜規則，而你使用權力規則，你可以一時占便宜，我也可以魚死網破地反擊。一旦事情鬧大，在網路公開，那麼，在親密關係中玩權力遊戲的無情掠奪者，可以一下子身敗名裂。

人際關係經常像是一團迷霧，這團迷霧，主要是因為權力規則過度侵入所致。

在工作中，因為明顯有利益在，所以我們很容易認識到這一點。但在親密關係中，我們認為應該是珍惜規則，所以容易忽略權力規則的存在，甚至將權力規則視為珍惜規則，結果導致關係中的糊塗哲學。

認清權力規則，並合理運用，能避免我們在關係中淪為「它」的境地。

我有一位來訪者，因嚴重的產後憂鬱症前來。原因是，她在現在的家庭和原生家庭中，都嚴重缺乏權力空間。

她生活在典型的重男輕女家庭，五六個姐妹，最後一個是弟弟。她多次被父母拋棄，幾次是送人，一次是放到了育幼院，這是極為可怕的經歷，導致她性格軟弱，不敢爭取話語權和利益。

她現在的家庭，也是嚴重的重男輕女，雖然她生了一個兒子，但在新家庭，最有地位的是婆婆，接著是丈夫，接著是婆家的各種人，譬如小姑，而她的地位最低。

和她諮商的過程，我主要是鼓勵、認可和支持她。她逐漸開始轉變，最後成為一個有些兇悍的女人，請走公婆，也嚴重警告了小姑等婆家人：這是我的家，如果你們過來，請記住你們是客人，我才是主人，如果你們搞挑撥離間，別怪我不客氣。

對丈夫，她過去言聽計從，現在是常常主動爭吵。丈夫對此很生氣，但有一次坦誠說，過去妳很聽話，我覺得很好，但說實話看不起妳，也不愛妳。現在妳變得很凶，但妳能力強了很多，我發現自己更愛妳了。

後來他們要生第二胎，丈夫想請婆婆過來幫忙坐月子。婆婆也很想來，並誇下海口說，這個家族裡的所有孩子，都是她帶大的。這樣說，明顯是為了爭奪權力，以後可以拿這個當作資本，在整個家族裡維護她至高無上的話語權。

我的來訪者不想讓婆婆來，因為之前婆婆「幫忙」坐月子的經歷有如噩夢。現在和婆婆關係也不算好，所以她對丈夫說：產後最需要照顧的是我，但你媽根本就不會照顧我，我不想讓她來。

他們的關係一度陷入僵局。

我和她多次探討這件事，要弄清楚這個家族中的權力遊戲。

家庭中不僅有美好，也有殘酷的權力遊戲。

生育和養育，都是權力。因為新生命的出生，自然將改變整個家庭的權力格局，孩子親誰、認可誰，意味著誰的權力會增大。

作為生育者和養育者，母親在這一點上具有極大優勢，當然這也是付出極大代價換來的。這時候，如果有人嫉妒母親的這個權力，要去爭奪，就會導致嚴重的家庭權力戰爭。

這是婆媳大戰的根本。

讓帶著本心的我和你的本真相遇

過去我一直不太明白，為什麼許多女性生育後，照理說是最需要照顧的時候，卻容易遭遇可怕的對待。為什麼我見到大多鬧離婚的家庭，是孩子出生後才開始家庭大戰。直到我理解「新生命就是權力，生育和養育就是權力」，終於能看透徹。

譬如，來訪者的婆婆最初嫁人時，同樣是被老公整個家族所排斥，她在家族裡的地位最低。但她生了四個孩子，四個孩子逐漸長大，她在自己的小家庭裡，就有了至高無上的地位。

婆婆的丈夫（即公公），在年輕時是被爭奪的物件，而且很多兒子容易站在自己母親那一邊，於是會忽視妻子和孩子。孩子長大自然不親他，於是公公老了之後，就成為整個家庭中可有可無的存在。

等這四個孩子都成家，意味著，婆婆生出了屬於她自己的家族。這個時候，品嘗過權力變遷滋味的她，很容易會和自己的媳婦們爭奪權力。

就像輪回一樣，來訪者的丈夫，也是站在母親那一邊，但這個男人沒意識到，新的權力變遷在發生。如果他只是單純維護母親，為難妻子和孩子，那麼在他自己的新家庭中，他將失去自己的權力，等他老去，也會成為和自己父親一樣可有可無的存在。

談清楚這些以後，我的來訪者和丈夫做了幾次深談，把這個權力遊戲的變遷，清晰透徹地告訴丈夫。丈夫被氣得不得了，但從此之後，他不再叫媽媽過來帶二寶了，也改變了對妻子和孩子的態度。於是，這位來訪者的二寶，就成了第一個不是給婆婆帶的第三代孩子。

經過這樣的戰爭，我這位來訪者才第一次清晰地感覺到，她終於成為自己家的女主人，擁有一個可以自己說了算的家。

她的產後憂鬱症，至此徹底消失。

我多次講課時都會講到這位來訪者的故事，這是一個家庭代代輪回的故事。當赤裸裸地講清楚其中的權力遊戲，許多人會被震撼，然後就更知道該怎麼做了。

權力規則，其實就是「我與它」的關係。我將你視為達成我的目標物件與工具，總之是試圖建立一個都是我說了算的空間。

珍惜規則，實際就是「我與你」的關係。我不控制你，更不忍將我的各種知識和本領用在你身上。我只想讓那個帶著本心的我，和你的本真相遇。

著名科幻作家以撒・艾西莫夫（Isace Asimov）在他的小說《基地》（*Foundation*）中講了一個這樣的故事：醜陋無比的「騾」掌握了操控人心的能力，他能像調控一個有刻度的錶盤那樣，精準誘導出別人的各種情緒情感，因此征服了宇宙。但他一直不忍心將他的這個本領，用在他心愛的女人身上。那個女人是唯一一個見過他的醜陋，仍然關愛他的人。

那些能以本心行走在紅塵中的人，都是非常可貴的人。

但我們仍需要完整地看到權力規則和珍惜規則。我們可以使用權力規則保護自己和所愛的人，也可以使用權力規則去建構事業。但同時，我們要知道，只有珍惜規則，才能建構愛，才能讓你碰觸到你的本真，和人性的本真，乃至世界的本真。

也正如馬丁・布伯所說，將彼此視為工具利用的「我與它」的關係時時刻刻存在，真愛的「我與你」的關係是瞬間，而不是「我與你」是對的，「我與它」不該存在。

在親密關係中，當發現對方已經無情地啟動了權力遊戲，你別傻傻啟動聖母模式，如果這麼做了，很容易將對方推向邪惡，這時，你最好也啟動權力規則，讓對方知道，你清楚在發生著什麼。

對我而言，我深刻認識到，只有當我能好好捍衛我的空間，成為一個有強大自我的人，我才能更好地在某些時候放下自我，建構「我與你」的關係。

PART 3

生命的
不可承受之重

消失的邊界

界限意識是關鍵

保姆，對現在的都市人來說極為重要。

我認識的朋友裡，極少有人不請鐘點工的，而條件好的朋友，有人會請全職保姆，甚至是住家保姆。曾有一段時間，中國廣州電視臺最受歡迎的節目是《心水保姆》。

關於保姆，我知道以下幾則故事：

一位朋友，有一棟大別墅，請了三個保姆，其中一個住家，而這位保姆本來的夢想就是住豪宅，所以她對自己的工作很滿意。我朋友也常對保姆玩笑說，妳住這套房子的時間比我還多。

還有一次，去參加一個收費很貴的課程，一位女士在課堂大聲問：「有人曾把自己的配偶帶過來一起上課嗎？」

有很多人舉手。她再問：「有人曾把孩子帶過來上課嗎？」有很多人舉手。她再問：「有人曾把父母帶過來上課嗎？」

還有很多人舉手。

最後她問：「那有人曾把保姆也帶來上課嗎？」

還有幾個人舉手。

這位女士說：「我本來以為只有我才會這麼做，把老公、孩子、父母和保姆都帶來上課，因為真的很有幫助，但看來還有人和我一樣瘋。」

上這個課，她說自己花費超過百萬。

這兩個故事的主人，都是富豪。

說明一下，這個超過百萬的學費，是她自己多次上課加帶人上課的費用總計。第二個故事中，這位女士應該是將保姆當自己親人一樣對待，這樣合適嗎？該如何和保姆相處呢？

中國杭州曾發生過一起保姆縱火案，逼迫人們不得不思考這個問題。

二〇一七年六月二十二日，杭州一高層住宅樓，一套九十坪的豪宅起火，女主人和三個孩子被燒死，而三十四歲的保姆供稱是自己縱的火。

這件事實在太可怕，看著影片和圖片中男主人傷心欲絕的臉，我在想，他該如何化解這樣的痛。

這件事情就像是農夫與蛇的演繹。

據報導，這位保姆月薪七千五人民幣（也有說法是上萬），買房子時雇主借給她十萬元，但後來雇主發現她偷竊，曾將價值三十多萬元的手錶拿去典當了兩萬元。

雇主非常善良，發現保姆偷竊時對她說，您別這樣做，缺錢就開口，但最終還是決定讓她兩天後離開。

為什麼是兩天後呢？因為兩天後男主人才出差回來。

然而，縱火案就在這期間發生了。

男主人只怕會嚴重怪罪自己吧，希望他別太自責了。

保姆為什麼縱火？據說她是想製造火災，再自己撲滅，以此來贏取雇主的歡心。我覺得這個說法，只是她對自己動機的美化。她這麼做，原因可能就是恨：你們竟然報警，如果我真被抓了，就得蹲監獄，所以我要報復。這位保姆來自中國廣東省東莞市長安鎮，有認得她的人說，她有賭癮，賭光了財產才去做保姆。所以這是一起極端事件，是這家雇主雇請了不對的人。那麼，就算請了對的保姆，又該如何和保姆相處呢？

我也多次請過保姆。有一次，我請的保姆有嚴重的心理問題。

她當時還有嚴重的生活危機，但事情做得好，人也善良，所以我還是決定請她。

後來有一次，她的精神狀況嚇了我一跳，於是我和我的心理諮商師朋友胡慎之探討該怎麼做，最後達成的一致意見是：繼續請她，也適當幫她，但要保持界限。

保持界限的意思是，我們就是雇主和保姆的關係，不要把她當親人對待。

如果當親人對待，對方就容易想：我們應該共用。

在保姆的事情上，我的確是這樣做，但我是一個難以守住界限的人，其他事情上，多次破壞界限，結果真的給了別人這種感覺——我們是一體的，我對你盡心盡力，所以就該和你一起共用你的資源……用術語來講，就是我們陷入了共生的關係，這時對方就覺得「我的就是你的、你的就是我的」。

孩子和大人的共生關係，其實都是為了製造一種感覺：我可以肆無忌憚地使用這個關係的共用資源，也包括你，這就是剝削的感覺。嬰兒沒有資源，也極其無力，需要剝削媽媽。其他時候的共生關係也一樣。

共生關係中，不可避免地會有剝削。

母嬰關係中，有嬰兒對母親的剝削。就是說，當你和別人建立共生關係，剝削就會發生，而且剝削時還理直氣壯，其中常有的理由是：我把你當最親的親人對待，我對你盡心盡力，所以我從你這兒拿多少東西都是應該的。什麼？你竟然不允許我拿，你背叛了我，我恨你！

再講一個故事。

一位朋友，請的全職保姆做事勤快，人又善良，朋友信任她。後來他多次借錢給保姆，因為常常沒提要還，所以跟給一樣。

於是逐漸地，保姆變得像家人一樣，在家裡特別有主人翁的感覺，但也的確掏心掏肺地對待朋友。

只是，她做事不再那麼專業了，有些懈怠。朋友也覺得可以理解，整體上做好就行。再後來，有一次保姆提出借幾十萬，想買房子，朋友詫異，覺得她怎麼可以提這麼離譜的要求，拒絕了她。保姆有了怨言，你們收入那麼高，幾十萬又不算什麼。她的怨言倒不激烈，但朋友一下子警醒，覺得事情不對勁，果斷辭掉保姆。

說起這件事，朋友也說，保姆最初人真的非常好，是他自己一再突破界限才會這樣。

假如再重新開始，那就會變成：借錢就是借錢，不是給錢。如果想對保姆好，可以提高她的工資，這樣她錢拿得也有尊嚴。

所謂界限，就是「我的」和「你的」是分得很清楚的。這是「我的」家，「我的」財產，而不是「我們的」。

有些朋友這種意識特別強。

譬如一個朋友發現，她請的鐘點工將她家的隱私告訴其他雇主，而其他雇主也正好是她的朋友，她知道後，對鐘點工發出了嚴厲的警告。

但警告無效，後來鐘點工還是亂傳話，她立即就辭了鐘點工。

這也是界限意識，「我的」私事，請不要亂傳。

找一個好的鐘點工或保姆不容易，所以是不是非得守住這麼嚴格的界限，每個人可以自己衡量。

但假如能好好守住界限，雙方都會覺得舒服自在。

可是，還是該有基本的危機意識，假如有了「我們是一家人」的感覺，可能會讓你的危機意識變弱。

你的善良，也許只是軟弱

我聽到過幾個關於保姆涉嫌偷竊的故事，其中一個也是富豪之家。孩子發現保姆可能偷了價值幾十萬的財物，和大人說，大人也起了疑心，於是女主人找保姆談話。

保姆自然是堅決否認。然而孩子和女主人都有足夠的證據顯示，的確就是保姆做的。接下來，保姆又在家裡做了一段時間，孩子發現，保姆看自己的眼神有些不對。這事讓我覺得驚詫，我問這個朋友，妳為什麼不立即辭掉保姆？

她的回答是，我們也不是太在意那幾十萬，保姆跟了我們十年，彼此默契很好，所以捨不得她走。我請她想想，幾十萬財產的偷盜，已是重罪，如果提告，保姆立即會有牢獄之災。就算你們不在意，還把她當家人，但她的頭頂上，相當於懸著一把隨時會掉下來的利劍，她不怕、不恨嗎？

她看妳孩子的眼神，那不是仇恨是什麼？聽我這麼講，朋友才醒悟，把保姆辭掉。但她還是好人，並沒有和保姆撕破臉，甚至保姆走時，還給了保姆一筆錢。

你以為的善良，也許是無力捍衛自己的軟弱。朋友的這種善良，未必是好事。假如她一直善良，一直留保姆在家，那保姆在她家弄出什麼事來，都是可能的。

這種善良，很可能只是軟弱而已。其實界限意識之所以缺乏，也常常是出於軟弱。譬如，很可能在你的原生家庭中，你面對父母不能守住界限。或者也有可能，你的父母自己守不住界限，不能很好地保護家庭免受其他人剝削。

界限意識，即我不入侵你的空間，你也別想入侵我的空間，在沒有我允許的情況下，你不能使用「我的」東西。這是一種力量，但這種力量，我們容易把它視為無情。同時，我們又總是把軟弱當作善良。於是，你以為自己善良，一再忍讓對方的剝削，結果卻讓對方得寸進尺地繼續剝削，把對方推向邪惡。

所以，好好學習界限意識吧。「我的」就是我的，「你的」就是你的，我不剝削你，你也別想剝削我。哪怕你有再漂亮的說法，我也不會允許你剝削我。

走出共生，開啓獨自探索之路

我一直難以想像，這三十多年，她是怎麼過的？母親時刻不離左右，沒有私人空間，沒有自己的個人時間，沒有自身情感的小小角落。母親，似乎已經成為她今生今世無法擺脫的另一半。所以她無法尋找另一半，也無法開始戀愛。她走到哪裡都要帶上並不年邁也無疾病的母親，始終活在母親的監管和控制之下。從個人選擇的角度看，她幾乎從未獲得過一個成年人應有的權益……

——天涯網友「午後的水妖」

曾經轟動天涯（編註：中國知名網路論壇）的楊元元之死，是因為有人到天涯上發文，說貧困碩士生楊元元被其就讀大學逼死。這篇文在很長時間裡贏得廣大網友的同情，但同時也不斷有網友發現這篇文的漏洞，且不斷有新的事實呈現。

關於楊元元自殺事件，真相是什麼呢？其實就是一個家庭悲劇，一個個人成長的悲劇。

孩子渴求擁有獨立空間

二〇〇九年十一月二十六日清晨，楊元元在學校宿舍的洗手間，用一條毛巾和一條枕套接在一起，一頭綁在水龍頭上，一頭套在脖子上，而她蹲在地上，用這種難以想像的方式痛苦地結束了自己的一生。

楊元元為什麼會自殺？對此，首先將此事爆料到天涯的網友「待崗遊民」，在他的發文「上海某大學海商法女碩士研究生真正死因」中稱，是冷漠的校方逼死楊元元。

這篇文稱，楊元元的母親望女士因下崗（編註：中國特有名詞，指在機構改革中失去工作的工人），且所住的員工宿舍被關閉，所以無處可去，於是跟著女兒一起到上海。因為貧窮，租不起好一點的房子，而能租到的房子又太冷，所以一直擠在女兒學校宿舍的床上。這樣過了一個多月，楊元元的室友主動搬出了這一宿舍。

接下來，據說校方請楊母搬出宿舍，楊元元母女哀求校方，被回覆了很傷人的話：「沒錢？沒錢讀什麼書？」文章裡描述，舍監阿姨高某還威脅說，如果楊母不搬出去，楊元元就別想拿到畢業證書。

由此看來，以這位舍監為代表的校方，不僅要擔負將楊元元逼到無路可走地步的間接責任，還要擔負阻撓救助的直接責任，簡直是令人氣憤。

在這起事件中，有個細節引起了我的注意——從楊元元大三開始，楊母就和女兒住到了一起。

這一細節，被「待崗遊民」描繪成楊元元與母親關係親密的最佳證明。然而，僅僅這一細節就足夠詭異了，難道，楊元元非得用這種方式和母親待在一起嗎？

中國有很多關於大學生家庭困境的感人故事。譬如，河南大學生洪戰輝帶妹妹求學，徐州師範大學的大學生張恒帶父親求學，這兩件事感動了無數人，而學校也為他們提供幫助。

但是，洪戰輝和張恒都是無奈之舉，帶親人求學，幾乎可以說是他們的唯一選擇，因為洪戰輝的妹妹年幼且無人照顧，而張恒的父親癱瘓也無人照看。

然而，帶母親求學並不是楊元元的唯一選擇，甚至遠不是最佳選擇，因為楊母只有五十餘歲，而且身體健康，且每個月有九三七元的退休金。這些錢儘管為數不多，但節儉一些也足以養活楊母自己。更重要的是，有網友指出，楊母並不是無處可住，她的員工宿舍仍可以住。就算這一說法不成立，假如楊母能去找一份家政類的工作，養活自己也是綽綽有餘。

那麼，為什麼身體健康、有生活能力和退休金的楊母非要和楊元元住在一起呢？而且是用和女兒擠在學生宿舍同一張床的方式？這是楊元元的需要還是楊母自己的需要？

心理學術語——共生——可以很好地解釋楊母的這一行為。所謂共生，指兩個人無法離開彼此，他們之間或許會有很多痛苦甚至仇恨，但兩個人就是無法離開，而要緊密地、病態地糾纏在一起。

比較常見的共生現象多見於情侶和親子這兩種親密關係。不同的是，如果是情侶關係共生，它是相對平衡的，因為兩個成年人的力量是相匹敵的。但如果是親子關係共生，那這常常是失衡的，這首先會是父母的需要。父母從心理上離不開孩子，一旦孩子離開就像失去自我一樣，會空虛，找不到存在感，所以會死死抓住孩子不放。對於孩子而言，他們常常會認為這是自己應該做的，但他們的內心會非常痛苦，他們內心渴望走向獨立，但卻認為這是錯誤的，甚至他們自己都不接受自己走向獨立的動力。

從楊元元的人生經歷來看，離開母親走向獨立一直是一個重要的動力。一九九八年大學填志願時，楊元元想去大連某大學讀海商法，但被母親拒絕了，楊母拒絕女兒的理由是，考武漢的大學可以省交通費。

這個沒有完成的願望成了楊元元的心結。二〇〇九年十一月二十五日，自殺的前一天，據楊母說，女兒和她聊天時把從小到大的事情都細細回顧了一遍——全盤回顧人生是自殺者自殺前常做的事情。她大膽對母親說，如果當年妳支持我報考大連某大學，現在一切都會不一樣，同時特意說起她做家教時認識的一個十五歲女孩，僅僅因為學習壓力大就從二十八樓跳樓自殺。

對於女兒這些話，楊母不知道該說什麼好。那麼，她是否能理解女兒為什麼要報考大連某大學的海商法專業呢？

在我看來，她的這個志願有著強烈的象徵意義。去大連那麼遙遠的地方，是她想離開家，離開母親，走向獨立。用這種方式擁有一個獨立空間。

這種努力，她做了多次，後來她曾兩次考上其他省小城市的公務員，但最後都沒去。據楊母的說法，一是因為距離遠，二是因為不是北京、上海這種一線大城市。

但或許，真正的事實是，離開家去遙遠的地方，是楊元元的夢想，而不想讓女兒去「距離遠」的地方，並想讓女兒去一線城市，只是楊母自己的夢想。

在一個論壇上，一個網友想找女友，他的一個朋友發文建議說，一定不要找那種一直在同一個城市出生、讀書和工作的女孩，尤其是工作後仍然和父母居住在一起的女孩。反過來，假如是女孩找男友，這個建議一樣成立。因為一個人從孩子變成成年人的標誌，就是離開父母並贏得自己的獨立空間，這個獨立，不只是經濟上，也是心理上的。

對獨立空間的渴求，其實是所有孩子的共同願望。已不知道有多少人對我說，他們在讀大學的時候，最強烈的願望就是離家遠遠的。有人成功了，有人失敗了，之所以失敗，原因無一例外都是父母的反對。

從心理學上看，父母反對孩子離開家，是因為父母將孩子視為「我」的一部分。簡而言之，即父母看到孩子，就覺得自己是存在的，看不到孩子，就找不到存在感——更通俗的說法是「心裡空空的」。

當孩子離開家，也許大多數父母多少都會有失落感，但假如他們有比較清晰的自我存在感，就不會過於害怕孩子獨立，反而會鼓勵孩子走向獨立。但假如嚴重缺乏自我存在感，不知道自己是誰，當孩子離開，父母會感到嚴重的恐懼。所以，嚴重缺乏自我存在感的父母，會想盡辦法阻撓孩子走向獨立，他們也不想孩子和自己有任何界限，他們在追求一種幻覺——我就是你，你就是我。

楊元元不僅想去大連，而且想學海商法。這象徵她對寬廣世界的渴求。至於法律，法律的世界是清晰的，法律有依據、有邊界，不像心理世界那麼模糊，可以隨意被侵占。

對楊元元來說，當母親向女兒要求存在空間，女兒似乎無處可逃，只有服從。

如何擺脫病態的糾纏關係

去一個遙遠的地方讀書，這個願望楊元元沒有實現，但她將這個願望給了弟弟。她寫信告訴弟弟「你以後不要聽媽媽的……」，而當同樣在武漢讀書的弟弟大學畢業，想留在學校繼續讀研究所，楊元元為弟弟樹立一個不容分說的目標——考北京大學的研究所，後來弟弟果真幫她完成了這一願望。

但是，這畢竟是弟弟的事情，而她的願望卻沒有完成的機會了。後來，楊元元考取上海某大學。雖然表面上兩所大學差別不大，但實際完全不同。因為，來到上海這種一線大城市，是楊母的願望。

楊元元去上海讀書，楊母理所當然地認為「要跟著女兒去」。當楊元元的舅舅提醒姐姐是否考慮過女兒的終身大事，楊母回答：「我們樓上三十多歲沒結婚的多了。」

去上海，和女兒睡在一張床上，這不僅是過去生活的延續，也多了另一重含義。上海是楊母的夢想，她在接受採訪時說，她年輕時來過上海，喜歡這樣的大都市。

楊母說，女兒自殺前感嘆：「都說知識改變命運，我學了那麼多知識，也沒見有什麼改變。」聽上去，楊元元似乎在感嘆在貧困中掙扎，但真是這樣嗎？除此以外，楊元元所說的「命運」有沒有別的含義？

至少，媽媽一直跟著她的這個命運無法改變了。楊母先是和女兒擠在一張床上，還搬來了自己的生活用品，大約一個月後，楊元元同宿舍的同學主動搬走了。

楊元元的夢想有大海般寬廣，但她真實的世界卻無比狹小，除了母親不再有其他。她的輔導員（編註：中國高中裡從事學生思想政治教育等方面工作的教師）說，印象中楊元元從未參加過一項團體活動，「每次她都沉默地跟在母親的背後，聽她母親說話」。

也許她根本沒機會進入更寬廣的世界。二〇〇一年，楊母從工廠提前退休後，就搬到了女兒學校和女兒一起住。白天楊元元上學，楊母會在學校擺攤賣一些東西，放學後楊元元會幫媽媽顧攤。

她的大學同學回憶，那時楊元元很少和人交往，經常說一句話就不再開口了。

對此，同學的解釋是，看上去楊元元非常自卑。也許並不是自卑，而是一種很複雜的情感，有絕望和豔羨，她明白自己無法像別的同學一樣進入更寬廣的世界，在學校擺攤、在宿舍擠一張床的媽媽已將她的世界關閉，她似乎只能透過媽媽才能和外界有一點聯繫。

楊母之所以二〇〇一年才緊密地糾纏著女兒，看上去和退休有關。之前，她有工作可以寄託，有同事可以交談，但退休後，她的世界狹小很多，也許那時她開始感到恐慌，恐慌找不到自己，恐慌自己在世界上不存在。那麼，是不是可以透過讀大學的女兒，來證明自己的存在呢？

楊元的生命力非常頑強，大學畢業後，她曾四次考研失敗，度過了長達八年毫無成就感的不堪歲月。看起來，考上上海的研究生，這樣的身分似乎是一個轉捩點，可以照亮她的人生。

但是，她卻在「曙光將現時謎一樣地退場了」。這是她的好友對她一生的總結。

比糾纏更可怕的是對孤獨的恐懼

有時候，媽媽會給女兒窒息般的愛，這也會導致女兒和媽媽不能分離。但有時候，媽媽之所以能特別糾纏住孩子，正是因為這個孩子獲得的愛比較少。

比較病態的母女共生現象中，常會看到這樣的軌跡：小時候，女兒獲得的愛很少，媽媽疏於照顧她，甚至非打即罵；隨著女兒逐漸長大，生存能力越來越強，媽媽開始轉變態度，對女兒有一定程度的重視，最後逐漸重視到似乎離開女兒就活不下去。

對於這樣的故事，從媽媽的角度看，她會有很多收益，所以她會執著於這種好處而不願放手，也不敢放手，因為一旦放手，她就要面對自己的痛苦。但從女兒的角度看，似乎百害而無一利，那麼，為什麼女兒也難以從這種糾纏中解脫出來呢？

也許很關鍵的原因是，比起病態的糾纏，我們更懼怕孤獨。孤獨時，我們會覺得自己一無是處，沒有絲毫價值。假如童年時期經歷過孤獨，這種懼怕會尤其嚴重。

所以，一個孩子很小的時候獲得的愛比較少，他就必定經歷太多孤獨，心中對孤獨的恐懼感會很強烈。在這種基礎上，他對關係的渴求也會非常強烈，而一旦某些時候獲得關係，通常這意味著，父母或其他撫養者給了他一定的關注與認可，那麼，他就會特別懷念這些時刻。結果，他不僅懷念這些時刻所擁有的關注與認可，也會形成一個認識——我可以透過這種方式獲得關注與認可。

更進一步看，一個孩子獲得的愛越少，他能獲得父母的關注與認可的方式就越匱乏，方式越匱乏，他就對自己能獲得關注與認可的方式越執著。最後他發展出一個認識——我只能透過這種方式獲得關係，我只有在使用這種方式時不會孤獨，我只有在使用這種方式時不必那麼恐懼……

相反，假如一個孩子獲得的愛比較多，通常意味他能獲得愛的方式相對比較多，他可以使用很多種方式獲得愛，甚至，假如這個孩子體驗到了真愛，那麼他對任何方式都不會太執著，他會非常靈活，他堅信，他的存在本身就是最有價值的，而他可以用無數種方式表達他的愛。

要達到這一理想狀態，父母給予孩子的愛是基礎，但這仍然需要當事人獨自探索。他要找到自己內在的靈性，他會明白，他與其他人、其他事物乃至整個世界是一個整體，而不是一個孤立的、孤獨的存在。

美國催眠治療大師米爾頓・艾瑞克森（Milton Erickson）從來沒有用同一種方式治療過兩個來訪者，他能如此靈活地與來訪者相處，我想，那是因為他體驗到了真愛。

當然，絕大多數人難以擁有這一理想狀態。相對的是，假如我們擁有過的關注與認可比較多，能讓我們比較靈活。簡而言之，獲得的愛越多，人的心中越有底氣。

如此一來，會形成一個矛盾。父母給予孩子的愛越多，孩子就越有底氣，這也意味著，孩子越不容易受父母控制。父母給予孩子的愛越少，孩子就越缺乏底氣，他對自己那些可憐的方式就越發執著，於是，他們就越有可能被父母所控制。

因此，才會有母女病態共生的模式：獲得愛最少的女兒，媽媽發現她最有可能聽話，最容易控制。於是，隨著女兒年齡的增長，她反而和女兒的關係逐漸有所改善，從非常疏遠變得越來越密切，最終變成了似乎是一個人。

有人說愛的最高境界是「兩個人似乎變成一個人」。但是，這種最高境界是融合的，是我的真實存在與你的真實存在相遇，我發現，你也發現，我們的存在彷彿是一回事。

所以愛的最低境界，也可以是「兩個人似乎變成一個人」。只不過，是某人將自己的意志強加給對方，抹去對方的存在。楊元元與母親的關係，看上去很像是母親將女兒視為自我的一部分，而女兒的真實存在她完全看不見，她以與女兒同睡大學宿舍一張床等種種誇張而荒誕的方式，將女兒的真實存在抹去。

從楊元元的角度看，與母親病態共生的狀態的確很痛苦，但也許這還不是最痛苦的，最痛苦的是對孤獨的恐懼。

她夢想離開家走向獨立，但是，在家以外的世界，她是否能找到自己的價值感呢？價值感，一開始總是關係中的價值感，那麼，她對在其他關係中找到關注與認可，是否有信心呢？

在電影《心靈捕手》中，數學天才威爾能從墮落走向新生，關鍵原因是，他不僅在新的世界裡有女友的愛和心理醫生的鼓勵與支持，他舊世界中的好友也鼓勵他，甚至威脅他說，如果哥兒們以後還活在我這樣的世界裡，我會殺死你，你是我的期待，請你代表我，走向新的世界吧，那裡才屬於你。

也就是說，對威爾而言，他不僅確信前面有人愛他，而且也確信，過去唯一能給他支持的老友也仍然愛他，甚至還威脅說，你不改變我就不愛你了。那麼，他還有什麼好猶豫的呢？

但楊元元呢？在家以外的廣闊天地，她能否感覺到別人對她的愛呢？在家裡，又有誰鼓勵她離開呢？甚至她離開家，媽媽會活不下去，弟弟也會陷入痛苦中，他們可能會因此與她疏遠乃至斷絕關係。那麼，當她覺得世界上只有自己孤零零一個人，她能找到存在感嗎？還是，她會重新體驗到兒時的那種恐懼——當沒有關係連結，沒有人關注與認可她，世界好黑、好冷、好寂寞，她會死去。

我所知道的幾個母女共生較嚴重的個案中，都有一個共同點，她們小時候很少被媽媽抱過。因此她們最強烈的渴求就是，能有一個人抱著她，對她說，「放心，無論怎樣我都很在乎妳、愛妳」。

講到這裡，必須強調一點——不能因此恨媽媽，因為這幾個個案無一例外，她們的媽媽，在自己也是孩子的時候，一樣沒有得到媽媽的擁抱。所以，這些媽媽，既沒有學會擁抱，內心也有一種不情願——我沒有得到的，為什麼給別人？這些媽媽即便年齡很大了，也一樣渴望擁抱，只不過，她們所渴望的，不是像媽媽一樣去擁抱孩子，而是渴望自己像孩子一樣被擁抱。

其實，每個男人都是一個小男孩，每個女人都是一個小女孩，他們儘管可以扮演父母的角色，但心中仍藏著一個內在的小孩。所以，在夫妻關係中，假如總是一個人扮演父母，另一個人扮演孩子，那麼扮演父母的一方最終會失去耐心，因為他們也是一個孩子。

如果，我們能像威爾一樣幸運，在家裡有父母愛，離開家，不僅父母會鼓勵，而且外面的世界還有新的愛，那麼事情就太棒了。

但假如，你像楊元元一樣不幸，那麼，你要主動做許多努力，去為你的人生爭取新的空間。同時，你也要教你的父母，學習承擔自己的痛苦，承擔自己的命運。

僅僅作為一個人的存在就是有價值的

在我的課程「自我覺醒之路」中，有一個很簡單的練習。一開始，兩個人面對面坐在椅子上，隨便聊點什麼；接著，一個人站在椅子上，另一個坐著，繼續聊天；接著，坐在椅子上的坐到地上，繼續聊天。這樣進行完一遍後，再交換。

這個簡單的練習能發現很多很多東西。最近一次課堂上，完成練習，分享感受時，一個學員說：「當我站著她坐著，我覺得，我存在，她也存在。當我坐著她站著，我感受不到我的存在，也感受不到她的存在了。」

對這一點，我早有感覺。課間，她有時會找我談話，但總是用帶點命令的口吻說：「武老師，我有話要跟你說！」

看上去，這似乎有點不對。畢竟，我是老師，貌似很權威，學員怎麼可以用這種口吻說話呢？但這是她的方式，這是她從小形成的與別人建立關係的方式。小時候她使用這種方式，反而可以獲得一定的愛，若使用別的方式則未必。所以，她執著於這種方式。她這樣對我，並不是對我有什麼不好的看法，相反，她是在用這種方式表達對我的在乎，她這麼做是在傳遞一個信號——我想和你建立更好的關係。

問題是，她主要只使用這一種方式，一開始，她這樣對我說話，我的確覺得有點親切，但她每次都用這種口氣，有時候我會產生反感和憤怒。我相信，在她的重要關係中，別人也會有這種感受。

所以，她需要讓自己變得靈活些，用多一些方式，不再那麼執著這種強勢的方式。在課堂上的辦法比較簡單，當她坐著而對方站著，她一開始很不適應，但她可以讓自己在這種狀態中多停留一會兒，看看有什麼感受產生。通常，只要靜下來在自己不適應的狀態中多停留一會兒，那種「我不存在，她也不存在」的恐慌感就會消失，並會感覺到一定程度的聯結感。

這個練習用到生活中，就需要自己有意識地選擇一些自己本來接受不了的狀態，並在這種狀態中多停留一會兒，仔細體會這時的身體感覺和情緒，並且聆聽自己內在的聲音。

所以，在諮商中，我會很關注來訪者那些瑣碎的事情，有時一件很小的事情我會花整整一小時去聆聽，並不斷地問：「你有什麼感受？你有什麼念頭？」因為在很小的事情中若能找到不同存在感，這意味著改變已經開始了。

對於楊元元，的確如她所說，假如她當時能去大連的大學讀書就好了，那樣她可以離開媽媽，並為自己爭取到一個獨立空間。

但是，以她的情況，她一定會暴發相當嚴重的心理問題，當她發現難以在新環境中擁有關係中的價值感，她會很難過。不過，這也意味著有自我治療的機會，她最後會發現，不用非得透過「承受別人的痛苦」來建立關係，她可以擁有其他方式。其實，她甚至什麼都不需要做，僅僅作為一個人的存在就是極具價值的。

假如你處在類似楊元元的狀態中，想獲得解脫，那麼我建議，不要藉由考大學、結婚、找工作等重大方式來為自己爭取獨立空間，這不僅對父母來說難以承受，對自己來說也是極大的挑戰。

你可以先從很小的事情開始，先從日常生活中很小的細節開始。當你這樣做，父母不會覺得太難過，你遇到的挑戰也會小很多。

任何行為都有兩個層面的內容：事實和態度。通常，你可能會認為，要透過一個很嚴重的事件才能表達你很嚴重的態度。這時，其實你非常沒有底氣，你可能根本不敢表達你的態度，所以才想透過一件重大的事情來表達你的態度。假如是這樣，你可以先好好準備，然後用一些小細節來傳遞你寸步不讓的態度。

譬如，父母連怎麼放水杯的事情都要管時，你可以從這種小事開始。我有個朋友已經二十七歲，一次回到家裡，他把水杯放到書桌一側時，他爸爸過來說：「你怎麼可以把水杯放在這，應該放在那！」他爸爸邊說邊把水杯放到了另一側，但我這個朋友知道，假如他先把水杯放在另一側，那麼他爸爸會說同樣的話，並把水杯擺到那一側。

他們是一種輕度的父子共生，也是從二十七歲開始，他試著打破這種狀態，關鍵舉動是，他給自己房間加了一把鎖。這讓一直好脾氣的父親暴跳如雷，但他堅持自己的做法，從此以後，改變開始了。

「給自己房間加一把鎖」這樣的做法也許太嚴重了，其實，他完全可以從那個水杯開始，溫和而堅定地堅持自己的做法，無論父親怎麼不高興或強勢，仍然溫和而堅定地堅持自己的做法。那麼，這樣一件小事，就會有里程碑式的價值，因為他從這件很小的事情中傳遞了很強烈的態度。

這樣的小事不需要做太多，通常做上兩三件，就非常有價值。

試試看，也許你會因此開始新的人生，雖然沒有威爾那樣的祝福，但你仍然可以獨自走上通向奇跡的路程。

做強人父母的孩子不是那麼容易

「富二代」一直是新聞的焦點。

二〇一四年四月五日，在中國成都，車主因涉嫌超速行駛，法拉利、瑪莎拉蒂等豪華跑車共二十六輛在成南高速被警方攔下，如此多的豪華跑車彙集在一起的照片一時傳遍網路；六日，這備受爭議的二十六輛豪華跑車再次出現在成南高速上，以每小時二一〇公里的平均速度，僅用十三分鐘就跑完了四十五公里的路程。據報導，這些跑車來自全國各地，車主是清一色的「富二代」。

十二日，在福州一家KTV，「富二代」王某調戲十九歲的少女小肖，遭拒後大打出手，令小肖牙齦撕裂，牙齒脫落一顆，整排牙齒鬆動，右下頜骨骨折。

十三日，發生了更惡劣的事情。在重慶江北茂業百貨，一個男青年持雙刀將自己窮追無果的一個女大學生砍死，據稱該青年家境富裕。

最受矚目的「富二代」是杭州富家子弟胡某，兩個月前，他涉嫌在市區飆車而將風華正茂的浙江大學畢業生譚某撞死。事發時，他將譚某撞得飛起五公尺高，飛到二十多公尺外。

而且，更惡劣的是，事發後一些富家子弟還在現場談笑風生。十五日，胡某案在杭州開審，胡某當庭否認自己飆車，這再度激發了群眾的憤怒。

「富二代」到底怎麼了？這些新聞主角有著什麼樣的心理？

最近，一個多年未見的朋友來廣州出差，我們好好聊了一次。他是為自己家族的企業出差。剛認識他時，我們都還是少年，那時記得他一方面很豪爽也頗有俠氣，另一方面很愛油嘴滑舌。但現在出現在我面前的，是一個看上去非常穩重的中年人。

我們先是聊到當年的往事，最後聊到了他現在的境況。他說，自己現在經常找個理由就出差，因為在家裡經常感覺無事可做，如果真想做事，就會免不了和老爸因意見不合而起衝突。他說老爸控制慾很強，希望家族企業完全按照自己的意思運作，他插不上手，所以只好樂得逍遙。

雖然認識他很多年，雖然他很愛說話，但對於家境如何，他口風很緊，我們朋友中沒有人知道他的家底。但不管怎麼說，他至少看起來不會是敗家的那種，因為他很節儉，出差住的都是很一般的旅館，比如在廣州住的是一晚百元人民幣左右的旅館。雖然他嘴上說出差是為了樂得逍遙，其實他只辦事不遊玩。

不過我想，他的故事仍可以說明，為什麼「富過三代」很困難，核心原因是，父親和兒子如何相處，是一件很難的事情。或者更普遍的說法是，控制慾強的父母該如何和孩子相處，是一件很艱難的事。

強勢父母的孩子容易製造麻煩

前述的杭州飆車案發生後，網路流傳的現場照片令我震驚到極點。照片顯示，在事發現場，胡某的夥伴中，有人一邊抽煙一邊談笑風生。這太可怕了，如此放鬆，如此無所謂。

這件事本身，以及事情後來的走向，引起我極大的恐懼，因為我擔憂在部分人眼裡，最基本的道德和秩序都將不存在。

在這種恐懼的驅使下，我搜尋當時網上關於這起事件的所有資料。當我看到胡某登長城的照片和其父親的照片，我不由得鬆了一口氣，因為這兩張照片令我明白，這件轟動一時的事件，核心可能還是一個個人事件。

胡某登長城的照片中，我沒有看到一絲囂張，反而看到了一些木訥。尤其是他的眼神看上去很空洞，透露著一種說不出的空虛。相反，他父親從照片上看起來，十足是一個自信的強人。

這兩張照片令我想起以前我對一位父親說過的一句話：強人的孩子製造麻煩，有時是對強人父母表達一個特殊的信號，你們不是無所不能嗎？我看看，這件事你能不能搞定！

我在工作室接待過一位父親。這位父親是一個強人，他希望我能幫他處理好兒子的事。他說，他的事業根本沒有問題，因為不管企業遇到任何問題，他相信自己都能處理好，對此他很有自信。但最令他頭疼的是兒子，他十幾歲的兒子不斷闖禍，鬧出各種事情，而且隨著年齡增長，闖的禍也越來越大。尤其他越擔心什麼，兒子就越是鬧出什麼問題。

他講了好多件兒子闖禍的故事，我發現一個規律，在他和妻子或他們請的人沒有出現前，他兒子闖禍的程度都比較低，而且至少有一半是無心的。一旦父母或父母請的人出現，他兒子闖禍的程度會進一步提升，同時情緒會變得更激烈。

我將這個發現告訴這個強人，他有些吃驚，說他的確感覺到，兒子好像是藉由闖禍給父母製造麻煩，但他不確定是不是真的。如果說這的確是真的，那麼兒子為什麼要這麼做呢？

我給出了前面那個答案。

每個人都想在關係中尋找價值感

生命中最基本的矛盾是，每個人都想找到自己的價值感，而且這種價值感總是要在關係中尋找。

這樣一來，假如我的高價值感「我很棒」是建立在別人的低價值感「你很差」的基礎之上，就會對別人造成傷害。

所以，存在主義哲學家們才說：「他人即地獄。」

例如，在父母和孩子這一個最常見的人際關係中，父母和孩子都想尋找價值感，而且都是想在彼此的身上尋找價值感，但假如父母的高價值感「我很優秀」是建立在孩子的低價值感「你什麼都做不了」的基礎之上，父母就對孩子造成了傷害。這種關係越徹底，父母就越是孩子的「障礙」。

親子關係的一個難題是，乍看之下，孩子的確什麼都做不了，而父母也的確像「無所不能」。孩子越小的時候，父母越是無所不能，對孩子而言就越好。例如，對孩子特別敏感的媽媽，能夠憑感覺捕捉到孩子的種種需要，別人只能聽見孩子在哭，媽媽卻能聽出這些哭聲不同的含義，從而可以在第一時間滿足孩子的需要。

所以心理學家們會說，在孩子一歲前，沒有過分的愛這回事，父母對孩子越好，對孩子的幫助就越大，越容易幫孩子建立健康心理的基礎。

然而，假如孩子兩三歲，父母還是全部包辦孩子的事情，反而會阻礙孩子的發展。孩子明明覺得，自己長大了，能力增強了，可以做很多事情了，但父母一方面不給孩子做事的機會，另一方面還不斷否定孩子，總是對孩子說「你不行」。

的確，有多少孩子在小時候能強過父母呢？但如果說到智商，現在的孩子基本上都比父母強。但大人們好像不怎麼看重這個，大人們看重的是實際的能力，在這些實際的能力上，孩子的確弱於父母。

尤其如果有強人父母，就更是如此。不僅在親子關係中，會一再重複「父母行，我不行」的感覺，在其他所有關係中，別人也都會這麼看。

可以說，做強人父母的孩子，並不是那麼容易。如果你認為實際的利益是唯一重要的，那麼強人父母就是完美選擇。但是，假如你認為精神上的好處也同等重要甚至更重要，那麼強人父母可能會帶來巨大的挑戰。

這個挑戰的關鍵在於強人父母的內心邏輯。如果強人父母內在的關係模式是「我行，你不行」，那麼，這個挑戰就很難逾越。

沒有人喜歡低下的自我價值感，當強人的孩子發現，無法透過超越父母而提升自我價值感，就可能採用另一種方式——降低父母的自我價值感以縮小自己與父母價值感的差距。

於是就會出現以下的現象：強人的孩子給父母添亂。

中國福州的「富二代」王某，因調戲少女不成而大打出手。事情發生後，可以看到，其父母動用了一切辦法幫助兒子，甚至假扮受害人小肖的家人對警方說，他們已決定和王家私下合解。

這樣的父母可謂「神通廣大」，但他們是否知道，他們的「敗家子」之所以敗家，之所以亂來，而且亂來得非常沒水準，原因就在於他們在兒子面前無所不能。

杭州飆車案的肇事者胡某之所以在法庭上否認飆車，也許有著同樣的意思。假定他的父母有那麼大的影響力，他最好低調一些，畢竟隨著時間的流逝，公眾可能會逐漸遺忘這一事件，起碼怒氣會削弱。

但他在法庭上再次引起眾怒，很可能真正的動機對準的並不是公眾，而是他神通廣大的父母。你們不是說我不聰明嗎？我現在就不聰明一下，看看你們該如何搞定。

對於胡某案，我這僅僅是猜測，我不是學法律的，不懂得胡某在法庭上的這番說辭是否為了獲得較輕的懲罰，但一想起他在長城上木訥的神情，又想到他多次的極速飆車，腦海裡就出現一句話——或許他自己想放棄。

因屢屢惹出眾怒，「富二代」某種程度上在網路上成為過街老鼠，到處都有人對他們喊打甚至喊殺。不過也有分析家稱，大家不用太生氣，不妨心平氣和一些，因為照他們這種表現，他們自己未來的日子並不好過。

我們都知道「富不過三代」，財富和財富能力如何傳遞下去，是個世界級難題，英文對此有一句俗話「Great men's sons seldom do well」，意譯為「偉人的孩子難成器」，葡萄牙有「富裕農民——貴族兒子——窮孫子」的說法，西班牙也有「酒店老闆——兒子富人——孫子討飯」的說法，德國則用三個詞「創造、繼承、毀滅」來代表三代人的命運。

甚至財富能否維持一代都是個難題。摩根大通投資銀行對《福布斯》雜誌最近二十年的全球首富排行榜進行研究，發現在四百位曾進入過全球富豪排行榜的名流中，只有1／5能夠維持地位。統計還表明，這些有錢人的風光場面通常都維持不了二十年。

這到底是為什麼？從胡某案開始，我就一直在思考這個問題。最近我想，可以從「巴夫洛夫的狗」身上找到答案。

巴夫洛夫是俄國著名科學家，他以狗做實驗，提出著名的「條件反射」學說，對心理學有極大的影響。

實驗內容是，如果給狗餵食前發出鈴聲，那麼幾次後會發現，僅僅透過鈴聲就可以令狗產生進食前的反應，譬如分泌唾液。這就意味著，鈴聲這個條件和食物這個本質事物一樣，可以誘發狗的進食反應。

從好的方面看，這是一種學習，即狗學習到，聽見鈴聲就可以預見食物到來。

但從壞的方面看，這是一層迷霧，如果狗對這個條件反射過於執著，牠最終會犯一個錯誤——將鈴聲和食物混為一談。

如果將食物換成價值感，而將鈴聲換成財富，就是強人家庭的故事了。本來，財富帶來了自我價值感，這種感覺是如此美妙，但久而久之，一個人或一個家族可能會迷失，認為財富才是答案，遺忘了自我價值感才是最重要的。

於是，這個家族可能就執著於一點——錢的多少最重要。

不僅如此，條件反射有初級條件反射，還有第二級條件反射，乃至第三級條件反射等。假如一條狗始終在一個地方，用同一種模式進食，那麼牠最終可能會認為，周圍的一切條件都是牠獲得食物的預言。於是，牠可能會對這些條件都執著起來，這樣一來，牠會離食物這個本質更為遙遠。

放到一個強人家族，其第二級條件反射、第三級條件反射乃至更多級的條件反射就可能是，創始人創造財富的方式，創始人的一言一行，創始人的一切風格都可能是答案……

結果就是——強人迷失了，強人的孩子也迷失了，他們離財富能力越來越遠，離自我價值感越來越遠，離生命的本質更是越來越遠。

找到自己生命存在的方式

從根本上，每個人都想做自己，所謂做自己，就是用自己的方式找到生命的意義。對此，我特別喜歡以色列哲學家馬丁・布伯的一段話：

> 你必須自己開始。假如你不以自己積極的愛深入生存，假如你不以自己的方式為自己揭示生存的意義，那麼對你來說，生存就是沒有意義的。

放到強人家庭，也許強人已經透過自己的方式找到生存的意義，或起碼說，他透過自己的方式找到賺錢的辦法，因而成就了他自己。但是，作為強人的孩子，他們也必須透過自己的方式找到賺錢的辦法，而不能僅僅藉由複製父母的方式。

實際上，在我看來，很少有孩子願意複製父母的路，孩子對父母的認同是自然的，不管父母是否優秀，孩子都會自覺或不自覺地認同父母。假如父母優秀，孩子認同父母的自覺程度會更高一些。但是，孩子的認同主要是個性上的認同，在人生道路上，他們每個人都希望做自己。

然而，在強人的家庭中，很多孩子未必有這分幸運。

很多強人都迷失在條件反射的重重迷霧中，他們太成功了，結果不僅熱愛成功這個結果，也熱愛——經常是更熱愛——自己走向成功的方式。所以，他們希望自己的方式能傳遞下去，而傳遞的方法就是讓孩子全盤接受自己的方式。

他們這種願望越強烈，他們的財富對孩子來說越可能是一個詛咒。因為從本能上，每個人都知道，他們的方式只是條件，但不是財富的本質，更不是生命的本質。

如果強人父母懂得這一點，鼓勵孩子找到自己生命的存在方式，找到自己賺錢的辦法，孩子就沒有這種詛咒。但假如強人父母非常渴望孩子不僅繼承財富，也要繼承自己的那一套生存方式，孩子的內心就會被劈成兩半，一半是想做自己，一半是被迫走父母的路。

分裂太嚴重就可能導致自毀。日本戰國時代，武田信玄被譽為「第一兵法家」，他按照自己對《孫子兵法》的領悟創辦了驍勇善戰的騎兵，而武田家也成為勢力最強大的諸侯之一。但他死後，他兒子武田勝賴很快將武田家帶向窮途末路，在決定性的長篠之戰中，他讓武田家騎兵主動攻擊躲在柵欄後使用步槍的敵軍，結果全軍覆沒。而且一個非常重要的細節是，當第一支部隊全軍覆滅，他又驅動第二支部隊送死。第二支部隊徒勞無功地覆滅後，他又驅動第三支去送死……

他這樣做，在我看來，是在發洩一種情緒：「父親，還有你的那些幕僚，你們都說我不如你，都要我按照你的做，這是真的嗎？這是我的宿命嗎？那就實現這個註定無法擺脫的宿命吧！」

在我看來，如果一個家族所追求的是將創始人的精神延續下去，能延續三代已經是非常不錯的結果了，因為這意味著，第二代和第三代必須犧牲做自己的生命訴求，去成為父親或祖父的影子。這意味著，他們不存在。

假如創始人想延續的東西本來就不怎麼樣，第二代就會開始敗家，這實在是再正常不過的結果。

所以，生命意義不是虛幻，恰恰相反，它是最重要的東西。

你的個人意志是否存在

沒有個人空間的生命為何脆弱

二〇〇一年，我剛離開中國北京大學進入《廣州日報》工作，遇到了一些困惑。我開始思考管理問題並想到了兩個概念——權力空間和生活空間。權力空間是工作中的概念，即一個員工在其崗位上能作主的空間。而生活空間，專門針對工作而言，即不受工作影響的私人生活領域。

權力空間很重要，因為假如一個人的權力空間很窄，甚至根本不存在，也就意味著這個人在工作中淪為其他人意志的傀儡，自己的意志根本得不到伸展。生活空間更重要，因為工作領域和私人領域的核心規則不同，工作領域的核心規則是權力，而私人領域的核心規則是珍惜。假如生活空間受到了工作空間的嚴重侵襲，那意味著自己的心將忽視甚至忘記愛與珍惜的滋味，仿佛整個世界只剩下權力，那時自己會變得悲觀、偏執乃至絕望。當時，我剛進入《廣州日報》工作不到一個月，我感到非常不解，報社為什麼要招大學畢業生呢？因為那時我們的工作相當機械，高中畢業生甚至國中畢業生就可以搞定。

當時我做編輯，負責一個版面的稿件與圖片的選擇、設計和剪輯，但這都被我們極其勤勞的主任一人搞定。

那時主任的工作很辛苦，他負責安排好每一個版面的稿件與圖片，還用尺精準地在格子紙上設計好版面，如每一篇稿件和圖片放在什麼位置，具體大小是多少，還有像下標這樣的工作，也是主任在做。

我們的部門主任正好是我北大的學長，他的能力出類拔萃，版面設計能力很強，尤其是下標，經常給人畫龍點睛的感覺，很令人佩服。

然而，這樣工作短短二十多天時間，我痛苦起來，整個版面都是他的意志，我的意志在哪裡呢？沒有我的意志參與，這還是我的工作嗎？我不過是一個木偶而已。

你的意志是否存在，這在任何一個領域都非常重要。存在主義大師們如沙特、卡繆和尼采都稱，生命的意義在於自由，而選擇就是自由，如果你有選擇的機會，你就是自由的，你的生命就是有意義的；但假如你沒有選擇的機會，只是去執行別人的意志，那意味著你的生命沒有意義、沒有價值。這樣的日子一長，精神生命會日益衰弱。

因為這種感受，我想到了權力空間的概念，具體到我身上，我認為，我既然是一個版面的編輯，那麼這個版面就要有我作主的權力。於是，我不理會主任的設計，自己設計版面，除了稿件是否選擇到這個版面上，以及頭條是哪篇稿我完全聽主任的外，其他如稿件做多大、照片用哪幅，以及版面如何設計等，我都自己來。

「自己來」的結果是，我做的版面別具一格，而我的學長見到我這樣做有這麼好的效果，就立即改變做法，鼓勵每個編輯都按照自己的意思來設計版面。

這種改革的效果立竿見影，我們部門一下子成了全報社版面最漂亮的。這可以看出，讓員工有自己作主的空間是何等重要，那樣才可以讓每一個人發揮自己的創造力與風格，部門也會獲得效益。同時，領導者也會輕鬆許多。

每個人的天性都是做自己，即按照自己的意志活著。但是，當身邊所有人都對你說，權威的意志強加都是為了你好，你就會迷惘，會否認自己本能性的抗拒，接受這種被美化的強加。同時，你的生命力將會脆弱乃至衰竭。

一九八五年後、甚至千禧年後出生的孩子，他們的幸運之處是有更好的物質條件和更多的關注。他們的不幸之處是，他們身處於一個孩子和六個大人（父母、祖父母與外祖父母）的可怕格局中。假如這六個大人都想將自己的意志強加給他，而他又不能抗爭，他的生命就會無比脆弱。

對於我們絕大多數人而言，需要很高的覺知，努力找回正在失去的自己，而且要有很清晰的意識，不被任何美化順從的思想欺騙甚至誘惑。

美國政治學家艾力・賀佛爾（Eric Hoffer）在他的巨著《狂熱分子》（*The True Believer*）中說得很好：如果一個人覺得自己是可鄙的，他就會狂熱地去攀附一些宏大的東西，那樣就可以不去面對可鄙的自我。

這些可鄙的自我最好不要過日子，一旦要過日子，一切就會變得艱難起來，甚至連配偶和孩子都不接受自己。

譬如日本一部電影《大盜五右衛門》（GOEMON），講的是兩個忍者殺手和「皇帝」的故事。這兩個殺手經過幾次猶豫，最終還是殺死了盜取天下的豐臣秀吉，但這個過程中，他們也曾想將自己的生命祭奠給天下。

最終他們沒這樣做的重要原因是他們有愛情。

愛情很偉大，因為愛情難以被什麼名義欺騙，比愛情更偉大的，是過日子。或者說，一開始的愛情很容易是幻想，而過日子中的愛情才是真實的。有兩個可鄙自我的人，可以有夢幻般的愛情，但卻無法擁有過日子的愛情。

其實，要想擁有過日子的愛情很簡單，辦法是，尊重你的自由意志，尊重對方的自由意志。

溺愛的心理真相

我小時候，我們那個小縣城裡有一個瘋子，他有一個毛病，只要有許多人圍觀他，故意氣他，他就會把自己的頭往牆上撞。結果，三天兩頭都有人結成一夥，故意氣他，看他的笑話。大家一直要看到他把頭撞得血肉模糊，這才一個個嘖嘖稱奇，心滿意足地各自走散。

——天涯網友「啃鹹菜談天下」

「瘋子！不可理喻！」「精神病！咎由自取。」「自作孽，不可活。」

二〇〇七年，楊麗娟父親楊某跳海自殺，這一匪夷所思的悲劇在網路上點燃了一場空前的口水大戰。在這口水戰中，絕大多數人站在楊家的對立面，對楊家三口進行口誅筆伐，而少數同情楊家的論調則淹沒在批評者的汪洋中。（編註：楊麗娟事件，楊家三口因追星但自認沒有得到該明星的同等回報，楊父遂自殺抗議。）

這種論調，我見過。二〇〇五年底，某歌星的歌迷在其演唱會上吞藥自殺未遂，一樣在網路上掀起輿論的狂飆。而且和楊家一樣，該歌迷遭遇的也是批評遠遠多於同情。

這是為什麼？二〇〇五年的演唱會自殺事件中，那位自殺的歌迷，其實是因為沒有人愛，才迷上那位歌星，因為中風而無處求助，才開始渴望其成為他的拯救者。他的人生境遇非常悲慘，他也是這個事件中唯一的受害者，但他卻遭到了狂風暴雨般的批評和攻擊，獲得的同情卻相當微弱。

楊麗娟事件中，楊家也是唯一的受害者。大多數媒體引用了專家看法，稱楊麗娟和父親應該都有心理疾病，境遇比那位歌迷還悲慘，但他們收穫的抨擊看來比那位歌迷多得多。

思考這個問題時，我想起中國中山大學教授劉小楓曾經說過的一句話：「人在道德上根本就是一個瞎子，怎麼可能為另一個人做道德指引？」

劉小楓用「瞎子摸象」的寓言故事比喻，我們宛如瞎子，瞎子只觸摸到了大象的部分肢體，卻認為自己摸到的才是正確的，然後大肆抨擊其他瞎子的看法。我們也一樣，我們只是明白了部分道理，卻依據這部分道理，對歌迷和楊家大肆抨擊。仿佛是，僅僅因為他是「追星狂」，而楊麗娟不僅是「追星狂」，還是心理病人，於是我們就可以更加理直氣壯地像個聖人一樣抨擊他們生命的缺陷。

劉小楓的話過於簡單，我想用心理學的視角來探討一下：我們這些忙著做抨擊者的人是不是「瞎子」，以及，我們究竟有沒有資格抨擊楊家。

愛主要是從童年與父母的關係中學來

要譴責一個人，我們必須弄清楚，那個人有沒有錯。在這一事件中，楊麗娟和父親是最容易被攻擊的對象，因為他們是這一事件的發起者。楊麗娟追星追到「不孝」的地步，而楊父則用自殺脅迫明星。

那麼，先來討論第一個問題：楊麗娟應該為她的「不孝」負責嗎？

在中國廣州紅樹林心理諮詢中心，我曾參加一個心理師的聚會，話題就是楊麗娟事件。討論到最後，我們一致認同：楊麗娟有嚴重的心理問題，而導致這一惡果的原因是溺愛。

一個人怎樣才能有愛的能力？我們能否想愛就去愛？

答案是否定的，愛是需要學習的，且主要是從童年與父母的關係中習得。孩子六歲前與父母的關係模式，最後會被內化到心靈深處，並最終令我們的心中有一個「內在的父母」和一個「內在的小孩」，這兩者的關係模式在很大程度上決定我們能否獲得愛的能力。

我們常說，一個人愛另一個人。但其實，那是這個人將自己這個內在的關係模式投射到了他現在與另一個人的關係上，如果「內在的小孩」與「內在的父母」彼此相愛，那麼他就能與另一個人相愛。

「內在的小孩」怎樣才能和「內在的父母」相愛呢？這有一個前提，即孩子童年時，父母要愛他，但同時又自愛，這樣就需要告訴孩子，儘管父母愛他，但他們和他一樣都是獨立的人。這樣一來，這個孩子內心的關係模式就是平衡的，他懂得了愛的另一面是獨立的，不管你多麼愛一個人或那個人多麼愛你，你和他都是獨立的人，你應該自愛，也應愛人如己。假如這個內在的關係嚴重失衡，愛的能力就會出現問題。

對於楊麗娟而言，她得到的是嚴重的溺愛。也就是說，她的心中，那個「內在的小孩」是強大的，但「內在的父母」卻是虛弱的，「內在的父母」只是無限制地滿足「內在的小孩」的工具。換句話說，在這個關係模式中，只有「內在的小孩」是主體，而「內在的父母」是客體，是「內在的小孩」實現自己慾望的工具。

簡單而言，有這樣內在關係模式的人，他的心中只有他自己一個人是值得尊重的，其他人都是他實現自己慾望的工具。

這在楊麗娟事件中體現得淋漓盡致。為了滿足女兒追星，楊父先是花光所有積蓄，後來賣了房子，再後來準備賣腎，最後則跳海自殺。女兒的慾望不過是渴望見明星，但楊父卻為此付出了一切。仿佛，他不是一個值得被尊重的人，而是女兒實現自己慾望的一個微不足道的工具。

然而，楊麗娟能為此負責嗎？顯然不能，因為她沒有愛的能力，這正是她父母嚴重溺愛造成的惡果。這並非是楊麗娟的渴望、楊麗娟的選擇。

當我們譴責楊麗娟為什麼不孝，我們其實就是一個瞎子，沒有看到一個基本常識：有沒有愛的能力，不是自由意志的結果，而是由一個人的成長環境所決定。楊麗娟的成長環境大有問題，所以她沒有發展出愛的能力，現在她即便有孝順的願望，她也做不到了。

楊麗娟的無止境追星，顯然可以歸因到她父母對她的教育方式上。這就引出了第二個問題：楊麗娟父母，尤其是楊父是否該為楊麗娟的追星負責？

父母溺愛孩子，或許是因為自己渴望愛

楊麗娟和父母的關係模式是嚴重失衡的，楊母的資料太少，我不能做判定，但楊父顯然

是一直圍著女兒轉。

他為什麼會這麼做？中國廣州華僑醫院的孟憲彰教授說，這很可能是因為，楊父自己小時候獲得的愛太少。

意思是，在楊父的內心模式中，他的「內在的小孩」很可能只是滿足「內在的父母」的工具。簡單而言，就是楊父小時候可能獲得的愛太少，這讓他的「內在的小孩」一直處於愛的饑渴狀態。

那麼，這樣的男子一旦做了爸爸，而且是三十九歲才做爸爸，他會如何做呢？最容易想像的一個局面是，他會百般寵愛那個真實的小孩。其實，他寵愛真實的小孩時，他是將自己那個對愛嚴重饑渴的「內在的小孩」投射到女兒的身上。看起來，他是在百般溺愛女兒，實際上，他是在滿足他的「內在的小孩」。最終，楊麗娟被溺愛過頭。

我們還可以設想，一旦楊麗娟做了媽媽，又會如何呢？非常可能的局面是，她根本不知道怎麼愛孩子。於是，她的孩子像外公一樣得到的愛太少，於是他的「內在的小孩」一直會處於愛的饑渴狀態。等他有了孩子，他又像外公溺愛媽媽一樣，溺愛他的孩子。

這是一種常見的「隔代遺傳」：第一代人得到的愛太少，於是溺愛；第二代人得到的愛太多，於是只知索取；第三代得到的愛太少，又溺愛……

楊麗娟被嚴重溺愛，結果是她的世界裡只有自己沒有別人；楊父嚴重缺乏愛，結果是他的世界裡只有別人沒有自己。後一點，我們不只能從他與女兒的關係上看到，還可以從他和妻子的關係上看到。楊父的妻子對媒體說，楊父一直很愛她，而她則從未愛過他。鄰居則反映，楊父對妻子和女兒都是小心翼翼的，生怕惹她們不高興。

由此，從楊父與妻女的關係模式可以推斷，楊父極可能對自己的媽媽也是小心翼翼的，他現在只是把與媽媽這個生命中第一個重要女性的關係模式，轉移到他與妻女這兩個重要女性的關係模式上而已。

看上去，楊父有太多地方可以被譴責，他最後的跳海舉動更是招致非議，有媒體認為，楊父這叫作「利己」自殺。

然而，孟憲彰教授說，問題的關鍵並不在最後的舉動上，而在於楊父與女兒的關係模式上。女兒一生下來，他對女兒就是百依百順，要什麼給什麼，那麼當女兒說，她最重要的願望就是接近那位明星，你便不能指望這個爸爸忽然可以懸崖勒馬了。相反，他只能是控制不住自己地幫女兒實現願望，直到耗盡他的所有能量。

這個聚會持續了三個小時，八名心理師和我沒有譴責過楊家三口一句，因為我們都知道，他們這樣做，是因為他們心中有一個病態的關係模式，而之所以有這個病態的關係模式，他們自己不是原因，他們的上一代親人才是原因。

即便如此，我們九個人也一樣是瞎子。或許，因為專業的緣故，我們摸到的「象」更多一些，然而我們仍然無法摸到「象」的全身。

我們為什麼如此熱愛做觀眾

我看了很多網路上的讀者評論，發現所有對楊家報以同情的，幾乎無一例外都受到許多攻擊。一個新浪網友寫了一篇長文，宣稱楊家不值得同情，他寫道：

可憐之人必有可恨之處，所以我不會成為可憐人，而我也不會去可憐別人，當然這不表示我不去幫助別人，我只幫助應該得到幫助的人，而不是這樣愚蠢的人。希望我身邊的人都能成為生活中的強者，能夠為身邊的人帶來快樂和幸福，而不是無盡的煩惱。

這真是奇怪的邏輯，再往下推就是：弱者該死，強者萬歲。但這種邏輯卻受到眾多人的喝彩。

這種不肯幫忙還恨不得落井下石的觀眾心理，魯迅先生曾精彩地描繪過。不過，他小說中的觀眾都是表情麻木，而現代觀眾則生動得多，但骨子裡仍是一樣的。討論楊麗娟事件時，天涯網友「南京田林」對此描繪說：

> 我只知道有一些人的心態是，別人比自己好了，嫉妒，比自己差了，在外面嚼舌根嘲笑，特別期待別人鬧笑話、出醜。

為什麼會有如此殘酷的觀眾心理，我想可能至少有兩個原因。

一、我們都為別人活著

我們為別人活著，很容易引出一個問題：我既然為你活著，你就要為我做出個樣子來！也就是說，我要緊緊盯著你，看你是否配得上我的付出。

有人認為，父母不能為自己而活，父母應該都為孩子而活。這看似不錯，但這種邏輯的另一面，是父母對孩子的要求也非常高，而且父母會緊盯著孩子，看孩子是否有辜負自己的期望。一旦看到不符合，父母對孩子就會非常挑剔。

這一點，我在回老家農村時體會非常深。有的客人聚在一起，很少談自己的前途、規劃或事業，多是東家長西家短，仔細聽，差不多都是同樣邏輯：我對某某好，但某某對我不如對另一個人好。

而且一旦有了眾所周知的醜聞，每個人都開始挑剔，對當事人大加撻伐，很少有人能夠站在當事人的角度，看到他們有多痛苦。

這種關係模式延伸到楊麗娟事件中，就是我們都緊盯著楊家三口，看他們的行為是否符合社會規範。如果看到不符合，我們也會變得非常挑剔。

如果按照「內在的小孩」和「內在的父母」這個關係模式來看，我們這種你為我活著、我為你活著的活法，必然意味著關係的不平衡，可能是「內在的父母」太強了，或是「內在的小孩」太強了。結果，我們都缺乏愛的能力。

二、我們的是非觀過於簡單

劉小楓說，是非觀太簡單是很多人的通病。任何一件事情，我們都要找出一個加害者和一個受害者，即一個好人和一個壞人來。

但是，歌迷演唱會自殺事件中，誰是好人誰是壞人？楊麗娟事件中，誰是好人誰又是壞人？網路的輿論風暴大致將自殺歌迷和楊家歸為壞人，將他們所追的明星歸為受害者。但兩位名人談不上是受害者，因為歌迷和楊家只是給他們施加了一點壓力，並不能給他們造成具體的損失。

實際上，這是兩場孤獨的「表演」。我和演唱會自殺事件的歌迷聊過很長時間，他說自己以前根本不瞭解接近歌星是那麼難，如果一開始就知道，他無論如何都不會那麼做。

楊家也是如此。楊麗娟也說，如果她知道一步一步會走到令父親自殺的地步，她絕對不會這樣走。其實，就算走到父親自殺這一步，她和媽媽又能做什麼？她們仍然不能加害任何人，其實她們最終所害的只有她們自己。

像這樣的事件，我們不能再套用那種簡單的倫理體系，我們必須看到，這是一種自閉的事件，孤獨的事件，歌迷和楊家是施予者，的確有人因此受害，但受害者不是別人，正是他們自己。這樣的事情中，沒有好人也沒有壞人。

三、我們能做什麼

每當有人對楊家表示同情，就會有人跳出來說，同情有什麼用，有本事你去幫他們做點什麼。

在我們的一生中，會與無數人相遇，絕大多數情況下，我們都將只是彼此生命中的過客，未必能給對方帶來具體的什麼。

但是，我們可以給對方減少一點冰冷，增添一點溫暖。

很多很多時候，對一些悲劇的承受者，你什麼都做不到，但只要如天涯論壇的網友「松風聽竹」所說，有「一點慈悲和一點寬容」就足夠。

與自己的感覺保持連結

很久以前，我就下定決心做一個不合時宜的人，現在的人們努力順應時宜，所以大部分人不夠性感。

——英國時尚設計師　亞歷山大・麥昆（Lee Alexander McQueen）

二〇一〇年，英國時尚設計師、Gucci 創意總監亞歷山大・麥昆在他於倫敦住所的衣帽間內上吊自殺，時年四十歲，令世人震驚。

麥昆一方面被譽為「英國時尚教父」，另一方面又被稱為「壞小子」。他的設計驚世駭俗，總是在「最詭異、最噁心」的地方找到靈感，是時尚界罕見的「鬼才」，這一點淋漓盡致地體現在其成名作中。

他死於二月十一日，之所以選擇這一時間，是因為第二天就是他媽媽的葬禮。

為了試圖理解麥昆的故事，我讀了大量關於他的報導，但最後，我發現最吸引我的地方，反而是文章開頭的那句話，這句話，不能揭開麥昆的死亡之謎，但或許是理解麥昆恣肆的創造力和魅力的一把鑰匙。

安娜・卡列尼娜的愛情悲劇是為了什麼

麥昆這句話所揭示的道理，在文學作品和現實生活中隨處可見，最著名的例子當屬俄羅斯文豪列夫・托爾斯泰的小說《安娜・卡列尼娜》。

安娜・卡列尼娜是皇室後裔，她的丈夫亞歷山大・卡列寧其貌不揚，但是一個地位顯赫的官僚，「完全醉心於功名」。當安娜與魅力十足的青年軍官佛倫斯基偷情後，卡列寧表示，他並不在乎安娜與別人相好，但他在乎這件事「被別人注意到」。他似乎沒有感受到撕心裂肺的疼痛，也沒有被背叛的憤怒，他在乎的是妻子的行為不道德，尤其是引起了很不好的社會輿論。

卡列寧想過與佛倫斯基決鬥，但又怕死。他想離婚，但又擔心名譽受損，最後決定「不能因為一個下賤的女人犯罪而使自己不幸」，於是他希望安娜維持與他表面的夫妻關係。

安娜・卡列尼娜是一個充滿激情的女子，她討厭丈夫的虛偽，最後毅然決然地不顧世俗議論和利益得失，與佛倫斯基走到一起。

然而，佛倫斯基儘管魅力十足，卻沒有擔負責任的決心，而且他和卡列寧一樣承受不了輿論的壓力，同時也在乎因名譽敗壞而失去的利益，於是最後疏遠了安娜。安娜絕望了，最後她身著一襲黑天鵝絨長裙，在火車站的鐵軌前，讓呼嘯而過的火車結束了自己的生命。

從表面上看，卡列寧似乎屬於無可挑剔的男人，他地位顯赫、溫和可親、性情寬厚且很顧家，安娜背叛卡列寧而找類似浪子的佛倫斯基，實屬自找苦吃。

然而，卡列寧這個好男人，他會讓安娜心動嗎？

什麼是心動？一個男人憑什麼令一個女人心動？或者反過來說，一個女人又憑什麼令一個男人心動？

是條件嗎？

大學畢業時，我寫畢業論文的時候看了大量文獻，瞭解了一個理論「婚姻市場論」。這個理論認為，婚姻是一個市場，每個人都有不同的婚姻市場價值，我們都是根據自己的婚姻市場價值去找與自己價值相當的配偶。

只是，婚姻市場價值能解釋心動嗎？依據我的研究，男人女人都是首先最看重人品，但接下來，男人最看重的是女人的相貌，而女人最在乎的是男人的社經地位。

還有理論稱，不管是婚姻市場論，還是其他各種理論，其實最核心的還是基因戰爭。男人找女人，女人找男人，都是為了將自己的基因更好地遺傳下去，而相互配合的最佳模式就是男人提供保護，女人負責生孩子。男人之所以對女人的腰臀曲線比例那麼感興趣，因為這是能不能生好孩子的關鍵所在。與傳說中的「女人腰粗可以更好生孩子」的說法不同，其實是細腰肥臀的美女更容易懷孕。

真是這樣嗎？那麼複雜的愛情，其實不過是為了更好地生孩子？

至少《安娜・卡列尼娜》中的愛情故事不同，否則卡列寧與安娜的搭配就是最好的了，卡列寧具有最好的社經地位，而安娜具有最誘人的容貌。他們的婚姻市場價值是般配的，他們也最適合生孩子。但是，安娜偏偏為佛倫斯基心動。

被時宜淹沒也就喪失了自我

為佛倫斯基心動的女人很多，這並不奇怪，因為佛倫斯基是風度翩翩的美男子。忘了誰說過，如果女人完全自由選擇，女人會和男人一樣在乎相貌，如果要在相貌和社經地位中二選一，女人就會優先考慮後者。但假如一個女子是外貌主義，首先考慮的是相貌，那麼這種特例也可以理解。

這種說法，勉強可以解釋列夫・托爾斯泰的小說《安娜・卡列尼娜》，卻不能解釋奧斯卡最佳外語片《美麗人生》中的故事。在這部影片中，基多和卡列寧一樣，是一個其貌不揚的男子，但他絕對是麥昆所說的「不合時宜」的人，他擁有無窮無盡的熱情和鬼點子，這讓他顯得與眾不同，他在追求名門之女朵拉時，使用的辦法也是稀奇古怪。而且朵拉已經有未婚夫，他相貌堂堂，在仕途上前途無量。但是，這個未婚夫正如麥昆所說，是一個「努力順應時宜」的男子，並因此在朵拉眼中失去了性感。

當然，我們還可以說，《美麗人生》是電影，不是真實的故事。這部電影是義大利「鬼才」導演羅貝托・貝尼尼（Roberto Benigni）自導自演，他飾演男主角基多，而飾演女主角朵拉的女演員，在現實生活中也正是他的妻子。他們能走到一起，也許仍然是男性社經地位和女性相貌的經典搭配。

不過，我自己可以說，麥昆所說的是一個真理，它的寓意在現實生活中也隨處可見。無論是在工作中還是生活中，我都見到很多這樣的故事：某個人看上去無可挑剔，但卻缺乏魅力，與他相處久了，他的配偶會覺得越來越索然無趣，越來越沒有感覺，最後或許偷情或許離去，而所選擇的情人，看上去往往遠沒有他優秀。

C男是外商高管，收入不菲，相貌堂堂，而且人品很好，收入都交給妻子F掌管，對自己的家人和妻子的家人也很好。但是，F卻覺得生活越來越乏味，和C的情感也越來越淡，最後紅杏出牆。

F是我一位朋友介紹認識的，幾次和她聊天，她談的全是情人，幾乎完全沒有談到丈夫。我問她，為什麼不談丈夫。她竟然一時啞口無言，過一下才說，沒有興趣談他，也似乎不知道該如何談起。我建議她不妨先靜靜地做一些準備然後再談。她靜了一會兒說，現在她覺得丈夫對她就像是一個陌生人，她好像完全不認識這個人。

陌生人？妳能更仔細地描繪這種感覺嗎？我問她。

她想了好一會兒後說，他們在一起的時間非常多，儘管丈夫居於高位，但不怎麼喜歡應酬，下班後如果沒有特別的事情都是回家。在家裡，他們本來也經常說說話，但是漸漸地，聽丈夫講話時，她總是提不起興趣。同時，也愈來愈不願意和丈夫談話，因為她說的話丈夫似乎完全不能理解。

再談下去，她突然明白了什麼似的說道，她覺得丈夫似乎努力在做一個大家都認為的好人。在她面前，努力做一個好丈夫；在孩子面前，努力做一個好爸爸；在父母面前，努力做一個好兒子；在岳父母面前，努力做一個好女婿；在朋友面前，努力做一個好夥伴……但是，他好像沒有心，在記憶中，他幾乎從來沒有過大的情緒波動，好像完全沒有喜怒哀樂。

甚至，在一定程度上他就像卡列寧一樣，當得知妻子紅杏出牆，竟然對妻子說，他認為他們之間沒有問題，她可能只是覺得太悶了，所以想找一些刺激，但他原諒她，也相信她最終會回到他身邊來。

但是，C在F的心中，似乎已完全沒有了分量，他對於她的價值，主要是提供一種安全感——無論如何，C都不會主動離F而去。

你是否有自己鮮明的立場

為什麼會出現這樣的局面？

我的理解是，C做得那樣盡心盡力，但這一切都不是發自他內心，他只是按照一些主流的規則在做事。或者說，驅動他做事的，不是他的感覺，而是來自外面的別人的聲音。

最初，這也許是父母的聲音。父母會一再向他傳遞資訊說，你的感覺是不可靠的，按照感覺做事會經常犯錯，你要相信父母的教導，父母教給你的規則可以保證你不犯錯誤。

接下來，外面世界的聲音越來越多，所有這一切聲音，都在教導他，你應該按照什麼樣的規則做事，那樣才不會傷害別人，也會令你收穫最好的利益。

先是在家中，他學會了捨棄自己的感覺而聽從父母的教導，最後在各個方面他都做到了這一點。

結果，在這個過程中，他失去了與自己感覺的連結，他把自己弄丟了。若你和一個丟失了自我的人在一起，你會感覺到孤獨，在你面前，他似乎不存在，而在他面前，你似乎也不存在。

心動的感覺，是我的心碰觸到了你的心，假如心都沒了，又如何能觸碰彼此呢？像佛倫斯基這樣的人，沒有主見，沒有一顆堅強的心，但他的心在一定程度上是打開的，所以安娜對他心動。

安娜的心動，是一種叛逆。卡列寧似乎是完美的，但是，有誰知道我的痛苦呢？甚至在這樣的男人面前，我連痛苦的資格都沒有。妳竟然對卡列寧都不滿意，妳這個女人太挑剔了，太貪婪了。卡列寧是正確的，而妳的慾望是錯誤的。

我想，安娜自己甚至都認為，她對卡列寧的不滿是錯誤的，她對心動的渴求是錯誤的。一旦一個人將自己的某種動力視為錯誤的，那個人就可能會用錯誤的方式去追求這種動力。所以，安娜選擇佛倫斯基這個錯誤的人。

在電影《美麗人生》中，朵拉則有十足的底氣，她自始至終對未婚夫的「順應時宜」且將這種「順應時宜」視為生命中最重要的東西不滿和不屑。她渴望心動，與基多有了盪氣迴腸的生活和愛情，雖然基多最後死在集中營，但他在她心中永存。

如果只是去做大家都認為正確的事，而忘記了自己的心，就很有可能會發生這種故事。如果大家都認為出人頭地是正確的，那我就追求出人頭地；如果大家都認為賺錢是最正確的，那我就追求金錢；如果大家都認為身體好是最正確的，那我就追求身體健康；如果大家都認為反對某個團體是正確的，那我就積極投身於這個浪潮中。

再回過頭來看麥昆，他一生都在「做一個不合時宜的人」，但不幸的是，他自己的行業本身就是在教導人們「順應時宜」。奢侈品被賦予了「我是最值得擁有」的意義，最後它們成了一個消費市場上最主流的「時宜」，於是人們開始跟從。

大學時，我的老師說，心理治療就是一個模式，任何一種疾病都可以找到治療的模式。聽到這句話，我想，假如有一天，我的治療最後被框在了一個模式裡，或我的人生被框在了一個模式裡，那麼一切就枯竭了，因為那時心其實已經死了。

內在父母和內在小孩的分裂

我的日子一天比一天難過，振作起來！起碼我還有人生目標！我要幹一番轟轟烈烈的事業來！

——董某自白

董某，廣州一所大學學生，二〇〇六年八月被判死刑，緩期兩年執行，罪名是「弒父」。事情發生在二〇〇五年九月二十二日，當時二十歲的董某用準備好的刀具連砍帶刺捅了父親三十多刀，令父親當場死亡。

記者拿到了他的兩本日記，從二〇〇一年八月二十四日即將升上高一開始，到二〇〇五年二月十四日的大一，詳盡記錄了他這三年多時間的心路歷程。從這些日記中可以看出，從高一起，董某的心理問題就已經很明顯了，隨著時間的推移，他的問題越來越嚴重，並最終發展成思覺失調症。這個過程，可以分成三個階段：

第一階段，高二上學期以前。主要是強迫，具體表現是，雖然很厭煩學習，但仍然強迫自己極其刻苦地努力學習。同時伴隨著多疑，即一旦表現不好，他就覺得別人會議論他、嘲笑他。

第二階段，高二下學期至高三下學期。主要是多疑，由於所謂的「失戀」，他開始頻繁地覺得老師和同學經常嘲笑他、議論他。雖然學習成績曾有轉折，甚至考過一次全班第一名，但總體而言，他已無法堅持強迫式的學習方式，他越來越不能集中精力學習，成績在考大學的衝刺階段不斷下滑，這嚴重刺激他，初步出現幻覺。

第三階段，大學考試後。他高中三年的日記，堪稱「目標日記」，因為絕大多數日記的內容都是在樹立目標，他要求自己在學業、游泳、電腦、籃球、小提琴等方方面面都「讓人刮目相看」。在很多方面，他實現了這一點，但在最關鍵的大學考試上，他失敗了，這是他強迫式學習的必然結果。他接受不了這一事實，最終在進入大學後出現了幻視、幻聽和被害妄想，這是思覺失調的典型症狀。

在這三個階段，有兩個共同的特點：

第一，任何進步都只能給他帶來很短暫的快樂，只要還有人比他強，他就會有挫敗感。

第二，一旦產生挫敗感，他會立即樹立一個更艱巨、更遠大的新目標。

這兩個特點導致了如下的惡果：他的新目標越來越多、越來越高，成了不能承受的重量，並最終被這些新目標所摧毀。

可以說，目標是他特有的心理防禦機制，是讓他逃避挫敗感的自我欺騙方式，也是他為什麼會傷害父親的根本原因。

逃避挑剔的「內在爸爸」

新日記本的第一天是二〇〇一年八月二十四日，當時他參加了一個暑期游泳班，日記內容充分顯示出他的性格：

「新日記本！這是新的開始，是新的希望。上高一了，學業繁重，每天都筋疲力盡……不管多累、多煩，在休息時，也要抽空坐在書桌旁寫上幾句……絕不讓記憶白白流逝，到頭來只留下一聲無奈、悔恨的長嘆。」

「早上又是八點半起床。活見鬼！怎麼從軍訓回來，人就變得那麼懶惰？」

「怎麼回事？『藍帽子』為什麼會快我一個身位？我呢？無名小卒！」

「只能勉強游五十公尺。一倍呀！恥辱啊！」

「……我以後一定要寫一篇關於運動的散文！」

作為第一篇日記，第一段反映他的強迫性格：不管情感上多煩，也要強迫自己完成任務；第二段反映了他的自責，這是暑假，而且是升高一前的暑假，但他因為睡懶覺而痛斥自己；第三段既反映強烈的自責，也反映他的好強。

每個人都有兩個我：「情感的我」和「理智的我」。「情感的我」是我們心理能量的源泉，而「理智的我」可以規劃這些能量，以讓我們合理地運用能量。

強迫、自責和好強這些性格，一方面可以把這些能量用到極致，但另一方面，這些性格容易讓一個人忽視自己到底有多少能量，從而無視自己「情感的我」的承受能力。

一段時間內，「情感的我」或許還能勉強為之，接受「理智的我」的強力驅使，但是，久而久之，一直超負荷運轉的「情感的我」就可能會因為承受不了，於是最終拒絕接受「理智的我」的指揮。那時候，「情感的我」和「理智的我」就可能會發展到極端敵對的地步，而思覺失調也由此產生。

所以，董某這種過於強烈的強迫、自責和好強，從一開始就埋下隱患。

並且，因我們的理性、規矩、責任等內容最初是來自父母的教誨，「理智的我」一般可理解為「內在的父母」，而「情感的我」可理解為「內在的小孩」。

考慮到董某的媽媽在他八歲時已去世，那麼他「內在的父母」其實主要就是「內在的爸爸」。由此，他的這第一篇日記，就可理解為「內在的爸爸」對「內在的小孩」的訓斥和苛責。譬如，關於游泳那一段就可以這樣解讀：

「內在的爸爸」對「內在的小孩」吼道：「怎麼回事？『藍帽子』為什麼會快你一個身位？你呀，真是個無名小卒！只能勉強游五十公尺。人家是你的一倍呀！你恥不恥辱啊！」

董某的辯護律師胡福傳不贊同這種說法，他說自從董某母親去世後，董父對董某堪稱溺愛，在二〇〇五年九月二十一日之前，從未動過兒子一根手指頭。不過，他承認董父對董某期望很高。而且他透露，董某母親在世時，董父對兒子相當嚴厲，有時會打他。

這正是問題所在，「內在的父母」一般在五歲前形成。

並且，溺愛的同時給孩子立下極高的目標，這和用棍棒給孩子立下極高的目標，實質上並沒有什麼區別，一樣都會給孩子造成極大的心理壓力。

內在父母和內在小孩的撕裂

小時候，父母施加壓力，我們才會感受到壓力。但當「內在的父母」形成，不需要父母在場，我們一樣會感受到壓力。只不過，這不再是一個外部過程，而是一個內部過程。董某強烈的強迫、自責和要強，其實就是他「內在的爸爸」對「內在的小孩」不斷提出高要求的內部對話過程。

一個健康的人，「內在的小孩」會不斷成長，不斷自己解決難題，並最終愛上自己的力量，也愛上這個探索的過程。這樣一來，在做一件他喜愛的事情時，他會產生天然的快感，這種天然的快感會成為最原始的動力，驅使他自然而然地投入，自然而然地努力。而且他這樣做的時候，是非常靈活、有創造力的。

相反，如果父母一直強迫孩子接受自己的安排，一直是他們在孩子的事情上發揮關鍵作用，那麼孩子「內在的父母」就會越來越強大，而「內在的小孩」就越來越弱小。這時，孩子無論做什麼，都很少會產生原始的快樂，假如他有快樂，那快樂也多是來自外界的認可——開始是父母的認可，後來是老師、同學、主管、同事等人的認可。這樣的人對做好一件事不感興趣，真正令他感興趣的是引人注目。

董某正是如此，他在日記中多次寫道，他的理想是「讓人刮目相看」。譬如二〇〇一年九月七日的日記就是：

「高中學習危機四伏，小心！要努力！奮鬥！讓人刮目相看！」

很多家長喜歡孩子這樣，因為覺得孩子有動力，但他們忽視了一點：這種孩子缺乏對學習的真正熱情，他們只渴望別人的認可，而知識不能給他們帶來直接的快樂，於是他們的學習就會變成強迫式的學習。他們並不喜歡學習，只能強迫自己努力學習。

換句話說就是，因為感受不到快樂，「內在的小孩」並不愛學習，是「內在的父母」在強迫他們學習，但這讓「內在的小孩」感到厭煩。二〇〇一年九月二十二日，他的一篇日記反映了這種厭煩：

「煩，煩，煩！六座火山壓在背上，喘不過氣來；感冒發燒讓我渾身乏力，游泳不能過關；老是擔憂明天的考試，使我生活不能心安……」

另一篇日記則顯示，強迫式學習的效率是很低的：

「學習時不夠專心，也許是題目太難，腦子不靈光，總是想游泳。以後考大學怎麼辦？……只要我能集中精神，集中精神，再集中精神，該做什麼事就做什麼事，我一定能在考試中獲得豐收！」

現實中的父母常以為，孩子完全是自己的塑造物，可以按照自己的意願讓他做任何事。等孩子長大後，這種情形就會變成，他的「內在的父母」以為自己可以控制自己的情緒、身體，讓自己不知疲倦地努力。

譬如，不理會情緒的需要，即便煩躁，還是強迫自己努力學習；不理會身體的需要，儘管感冒，但為了不被笑話，仍然去游泳。

這種強迫式的努力也收到了一些成效，高二上學期，經過一年努力，他在游泳上拿到了廣州市二等獎。這讓他極其激動，被「刮目相看」給他帶來了巨大愉悅，但這種心理也有一個很明顯的反作用：特別在乎別人的評價，很小的否認會引起強烈的反應。這容易造成另一個結果：多疑，總覺得別人在議論他的是非。

從高一開始，他就已展現出這一點。二〇〇一年八月二十六日的日記顯示，他的宿舍莫名其妙出現十塊錢，他對這十塊錢的來歷想了很多，最後想到可能是他的，是某個同學刻意偷的，然後又拿出來嘲弄他。

不過，直到二〇〇二年年底，多疑只出現在少數幾篇日記中，直到二〇〇三年年初，這種狀況才有所改變。

這時，他的第一個日記本寫滿了，於是他換了一個新日記本。二〇〇三年二月二十日，是他換新日記本的第二天，那一天他很開心，因為他當上了體育股長。大約是同時，他喜歡上一個女孩，但不到一個月，「我和她吹了」。當天，他沒有顯示出一絲一毫的傷心，而是立即又樹立了一堆新目標：

「努力學習，學彈吉他，練游泳，不管其他的事……不談戀愛。」

這是「內在的父母」在說話。但二〇〇三年三月十五日，「吹」的第三天，「內在的小孩」出來了，他寫道：

「好累！好煩！睡覺了……」

情況越來越不妙。二〇〇三年三月二十五日，他叫「起立」的聲音很大，同學說「好恐怖」，他說會改，但接下來仍然如此。他還越來越敏感，常「發現」別人看他的眼神越來越怪，一次還問一個女同學「為什麼旁邊的人對我那麼怪」，這女孩說她沒發現。

這種敏感，是思覺失調症的重要症狀——被害妄想的徵兆。實際上，儘管游泳出色，但他並不是一個引人注目的學生，大家既不崇拜他，也不歧視他。這是他「內在的小孩」在反抗，他認為「內在的父母」怪，但他的「內在的小孩」和「內在的父母」已不能相互溝通，於是他把這種內部關係的資訊投射到外部關係上，認為是大家看他的眼神越來越怪。

同時，他的脾氣越來越暴躁，這常常是別人提醒他，他才發覺，並對此深深自責，但脾氣並沒有得到改善。這也是他的內部關係發生分裂的徵兆，脾氣屬於情感，「發覺」屬於理智，他的理智與情感已不能正常溝通了。

此外，這場戀愛也是他單方面的想像，其實那女孩甚至不知道他在關注她，所以也不存在「吹」這種事。但他過於敏感，所以那女孩不經意的正常親近就會給他帶來巨大的快樂，而不經意的正常疏遠也會給他帶來巨大的痛苦。為了防禦這種痛苦，他給自己樹立一堆目標，但這些目標也接二連三遭遇失敗。

二〇〇三年四月二十七日，期中考試部分成績公布，他有兩科不及格。二十九日，他爸爸「不滿意我兩科不及格。努力學習！」三十日，歷史成績公布，也是不及格。三科不及格，這給董某帶來了很大傷害。五月九日，他專門寫了「不及格」的日記：

「我從沒試過（期中、期末）考試不及格。天啊！這個落差我一下子受不了。怎麼辦？」

「別人看不起我，笑我。我不能被人笑，我要自強不息！」

他的神志正陷入混亂。五月二十三日，他去打籃球，罕見地光著上身去，被很多人看到。他又痛斥自己：「我沒有組織紀律嗎？」

可以說，是「內在的小孩」想無法無天，於是脫了衣服，以反抗「內在的父母」的紀律。但「內在的父母」也會回擊，五月二十六日，董某提出就此認錯，但老師和同學的反應顯示，大家其實沒把他這些「錯」當回事。

「多疑」成了這時期日記的主題。六月十七日，中午放學他看到「她跑著走開」，立即懷疑「不知是不是想避開我」。顯然，這讓他有受傷害的感覺，接著他就又用了習慣性的防禦手段：目標。在這一天的日記中，他寫道：

「算了！忘了她！專心學習！……努力學習，考上一流名校！」

但不管怎麼努力，他已不能擺脫多疑。

「吹」發生在三月十五日，「徹底分手」則發生在七月十九日。當天，他找「她」談了五分鐘，保證「以後不會再去煩她」，但她說他「以前沒煩過她」。

這是怎麼回事？真相是，這場戀愛只是他單方面的想像，其實從未開始，他從未約過那女孩，甚至都沒對女孩明確表達過，所以女孩認為董某「以前沒煩過她」。

一場從未發生的戀愛為什麼對董某有這麼大的影響？讓他變得如此敏感多疑？

這和董某的童年息息相關。八歲時，他的媽媽因癌症去世，他永遠失去了摯愛的媽媽，而失戀，在某種意義上來說，正是失去心理上的媽媽。這讓他又一次遭受重大的打擊，並可能令他心理出現嚴重的退化。

失戀等於又一次失去「媽媽」

據董某的律師胡福傳說，小時候，董父讀博士數年不在家，董某在媽媽、外公外婆身邊長大。董父對兒子很嚴厲，有時會打罵他，但他較少在家，而董母、外公外婆非常疼愛董某，所以他的童年應該基本幸福。

但媽媽的去世改變了這一局面。親人去世，健康的應對方式應該是，其他親人團結起來，一起應對這一悲慘的局面，最後大家都接受親人已經去世的事實，並從心理上完成對往生者的告別。

但是，董某的家庭顯然沒做到這一點。胡福傳說，董某書桌上有一張媽媽的照片，栩栩如生，「這個家庭常說起他媽媽，我認為這樣子不好，因為這樣就無法告別過去」。

不能告別去世的親人會造成很多惡果，其中之一是，我們免不了會幻想他們還活著。如果常年沉溺於這種幻想，會嚴重破壞我們對現實的認識能力，並可能發展出錯覺乃至幻覺。

重度精神疾病患者的幻覺，多是其內心世界向外的投射。親人剛去世的時候，我們常恍惚覺得親人似乎仍在自己身邊，這是很正常的反應。但最終，正常人都會從內心深處接受這一事實，而這種恍惚感也會隨之消失。相反，假如我們一直都未真正接受這一事實，這種恍惚感長久發展下去，就有可能會發展出幻覺。

在董某的案例中，與這種幻覺相伴隨的，還有敏感多疑。敏感多疑意味著什麼呢？

按照精神分析的觀點，敏感多疑是一歲前嬰幼兒的特點。許多人喜歡不到一歲大的嬰幼兒，覺得他們乖極了，非常好玩，好像非常有安全感。但心理學的觀察發現，這一階段的嬰幼兒其實極其敏感多疑。

這不難理解，因為他們什麼都做不了，一切都要靠別人照顧，所以他們對別人——主要是媽媽的動向非常敏感，他們必須靠猜疑來推斷媽媽的行為。假如他有一個「好媽媽」，這種敏感多疑的心理特點最終會基本消解；假如他有一個「壞媽媽」，經常對他不管不顧，他就無法克服敏感多疑的心理。

此外，如果遭遇媽媽去世或失戀這種重大的打擊，一些人也會暫時退化到這一階段。這種退化也是對現實的否定，即我不承認我已經失去「媽媽」，相反我要變成一個什麼都不能做的嬰兒，因為以前我變成這個樣子的時候，我贏得過媽媽的愛。

董某的情況很可能正屬於此類。首先，親人沒有很好地幫他面對媽媽已經去世的事實，這讓他一直沒有從媽媽去世的傷痛中真正走出，也沒有獲得應對這種挫折的能力。相反，這成為他最脆弱的一點，非常禁不起打擊。所以，當他認為自己失戀，這種失戀就意味著再一次失去心理上的媽媽，於是他再一次崩潰。

胡福傳說，董母去世後，董父非常內疚，他從此再也沒有對董某動過一根手指頭，直到二〇〇五年九月二十一日才破天荒又打了他一耳光。我懷疑，在董母去世之後，董父還有另一種心理機制：我發誓要把董某培養成材，那樣才對得起在九泉之下的太太。

這是常見的一種心理防禦機制。我們沒有讓孩子學會面對死亡，相反我們試圖讓孩子逃避死亡帶來的痛苦，而常見的逃避方式就是，給孩子樹立一個又一個的新目標，最後讓他變成一個「超人」，彷佛這樣就不會悔恨。

這當然只是一種猜測，但從董某的日記可以非常清晰地看出，這成為董某最常使用的心理防禦機制。一旦遇到挫折，不管是生活上、學業上還是體育上的，他都會告訴自己「堅強起來，不要傷心」，然後立即給自己樹立一個很高很高的目標，隨即精力都集中到目標上，彷佛真的忘記痛苦似的。

大學考試後，他接二連三地知道了同學們的成績，很多人比他出色，這讓他又一次遭受打擊。這時的每一次打擊都是重擊。相應地，他又樹立了更多更宏大的目標。二〇〇四年七月二日的日記中，他一口氣為自己樹立了十幾個目標：

1. 照顧好家裡的親人——外婆、外公、爸爸等
2. 找一分熱愛的工作
3. 年薪破一百萬元
4. 擁有自己的社會地位
5. 說一口流利的英語
6. 在一流名校讀碩士、博士
7. 考取獎學金
8. 成為二中榮譽校長
9. 成為中國科學院院士
10. 買一輛賓士給爸爸
11. 環遊世界
12. 拉一手優秀的小提琴
13. 寫一手漂亮的鋼筆字
15. 鍛煉一副好口才
14. 英語四、六級獲得優秀（編註：類似全民英檢的檢定考）
16. 數學、物理、英語、電腦均拿全國的獎項
17. （空）

這是一個凌亂的目標體系，不分輕重，沒有順序，想到什麼寫什麼，就像是一個做白日夢的孩子，隨手塗下他白日夢中的偉大幻想。

當然，這所有的白日夢，都是為了逃避大考失敗這個不能承受的現實。

既然有如此宏大的目標，當然要付出可怕的努力，董某也在這樣做。考大學後的暑假，對一般學生而言，是一個真正的暑假，但對董某而言，只是大考的延續，他制定了一個魔鬼般的日程表：六點三十分起床……

董父顯然也非常失望。二〇〇四年九月五日，董某在日記中寫道：

「爸爸說北大、清華已是泡影，我不這麼認為，比賽才剛剛開始。Nothing is impossible（一切皆有可能）！」

但是，他的身體、他的情感、他的那個「內在的小孩」，已開始徹底拒絕接受他的頭腦、他的理智、他「內在的爸爸」的指揮了。

二〇〇五年二月十四日，他寫下最後一篇日記，鮮明地反映出，幻覺已徹底控制他，他已完全崩潰了：

「從晚上十二點到淩晨四點，眼前都是圖像！簡直是令人難以想像！人彷彿站在高三的樓梯上，彷彿在對著高三的同學說話，彷彿當時傳入我耳朵裡的聲音，加工後又展現在我耳裡。圖像、圖像，眼前都是有質地有感覺的圖像。我甚至無法區分事實與幻覺。」

他的外公外婆則稱，那一段時間，董某明顯不正常。一次夜裡，他跪下求外公把門鎖緊，因為高中校園的「黑幫」有人進來追殺他了。這表明，以前對別人的敏感多疑，現在已發展成被害妄想，和幻覺一樣，這種被害妄想也是典型的思覺失調症的症狀。

董父也發現孩子的不對勁，他勸兒子看心理醫生，但兒子反對，他便放棄這個念頭。胡福傳說，他之所以放棄，是因為覺得兒子的情況有好轉。但這好轉顯然只是假像，董某正在自己破碎的世界裡越陷越深。不久，他從學校退學。

董父反對兒子退學，但顯然他已無法影響兒子，無奈之下接受了兒子退學的決定。胡福傳說，作為答應的條件，他要求兒子重讀，並且已為兒子聯繫好了一所升學高中。董某身上那點殘存的「理智的我」最後一次答應了父親的安排。

但是，董某身上的「情感的我」「身體的我」或「內在的小孩」顯然都不想再去過那種魔鬼般的生活，什麼大學啊、留學啊等目標已徹底不能再影響他。退學之後，他開始過起很放鬆的生活。

董父無法接受兒子違約，他多次催兒子去那所高中重讀，董某一直沒有答應。二〇〇五年九月二十一日，父子倆最後一次為重讀的事情發生爭執，董父氣急之下打了兒子一個耳光。第二天，他死在兒子的刀下。

從種種跡象判斷，董某很可能已罹患思覺失調症，其幻覺和妄想有很鮮明的心理意義。他殺掉父親，也有鮮明的心理意義。

在被審判的過程中，他說，殺掉父親之後，他感到非常輕鬆。為什麼？因為爸爸就是目標的化身，他那麼嚴厲地要求自己，其實是他的「內在的爸爸」在嚴厲地要求「內在的小孩」，而且完全不顧「內在的小孩」的承受能力。

那麼，現實的爸爸，也意味著「內在的爸爸」。「內在的爸爸」不存在了，壓力也隨著那個龐大的目標體系一起消失了，輕鬆感也隨之而來。

告別痛苦的唯一方法是面對痛苦

這是一個悲劇，但並不只是那個耳光導致的悲劇，也不只是董某大考失敗導致的悲劇。實際上，這是一個家庭的悲劇，它發生於當前，卻紮根於過去，是這個家庭遭遇的一系列苦難，以及這個家庭的高壓動力系統所導致的悲劇。

這是一個悲劇，但並非是一個不能阻止的悲劇。如果董某的家人——主要是董某的父親——做到以下幾點，這個悲劇完全可以避免。

一、不逼他重讀

當孩子主動做出退學的決定，背後一定有重大的心理因素，而且一般都是很不堪的心理因素。這時，家人應該首先去理解他，而不是急著去做什麼正確的決定。董某之所以退學，是源於強烈的挫敗感，且他神志已不正常，這時退學是正確的選擇，因為他太累了，需要休息和調整。這時，董父逼兒子趕快走上「正路」，其實是在逼兒子重新陷入他無法承受的壓力和挫敗感中。

二、送他強制治療

被害妄想和幻覺是精神疾病的典型特徵，即便不是思覺失調症，也一定是非常嚴重的精神疾病。這些症狀，意味著這個人已到了精神失常的地步，而且他們無自知力，會把自己的妄想和幻覺當真，從而容易傷及自己或他人。家人應當機立斷，強制送患者治療。這時，一般的心理諮商師無能為力，必須送專門的醫院接受藥物治療，而且不必徵求患者意見，因為他一定會認為自己是正常的。

二〇〇五年春節前後，董某的父親、外婆和外公都發現董某精神嚴重失常，如果這時他們把董某強制送醫接受治療，起碼弒父的悲劇不會發生。

三、化解大考失利之痛

大學考試成績發布後，董某異常痛苦，他試圖用「樹立一系列的高目標」這種方式來逃避痛苦，但因為一而再，再而三聽到同學們的成績，於是不斷受到強烈刺激。這時，如果董某的親人能理解他的痛苦，董某可能就不會那麼快陷入崩潰。但董父顯然沒做到這一點，他未直接批評兒子，但董某在日記中多次寫道，父親對他的成績很失望，父親的這種失望，強烈地加劇了董某「內在的父親」對「內在的小孩」的譴責。

四、不讓他太好勝

董某非常爭強好勝，在學習之餘，他還在練游泳、學電腦，這三項他花費最多精力。但問題是，他把一切都完全當成比賽，目的都是為了「讓人刮目相看」，只要有一個人比他強，他就有強烈的挫敗感，這讓他不顧一切地拚命投入精力，而完全不顧自己身體和精神的承受能力。

學習成績不代表一切，如果董父懂得這個道理，勸兒子不要那麼爭強好勝，大考失敗就不會對董某造成那麼大的傷害。

甚至，如果董某不那麼爭強好勝，或許他大考也不會失常。

五、化解喪母之痛

親人意外去世，對任何一個家庭都是重大打擊，尤其是幼小的孩子，更難以承受這種沉重的打擊。

這時，最好的處理辦法就是全家人團結，一起回憶死去親人的點點滴滴，想哭的時候痛痛快快地哭，想笑的時候痛痛快快地笑。透過這些回憶，透過傷心的哀悼，最終實現對死去親人的告別。

此時，最忌諱的就是相互指責，你指責我對死去的親人不好，我指責你辜負了她。董母去世後，董家有這樣的傾向，結果造成董父和董某的外婆、外公關係一直很緊張。

這種做法會對董某造成難以磨滅的影響。因為，幼小的孩子都有一種天然的自戀，認為一切都是自己造成的，家庭的幸福是自己造成的，家庭的不幸也是自己造成的。如果一個家庭在遭遇不幸後有相互指責的傾向，孩子的這種心理會更嚴重，他會更加認為自己的確應該為這不幸承擔責任。

此外，告別痛苦的唯一方法就是面對痛苦，我們不能指望用其他任何方法告別痛苦。譬如，董父不能指望藉由把兒子培養成超人的方式，讓自己忘記失去太太的痛苦，讓兒子忘記失去媽媽的痛苦。這種方式只是讓董某養成借目標逃避痛苦的心理防禦機制。游泳受挫，他樹立新目標；被人嘲笑，他樹立新目標；失戀，他樹立新目標；大考失敗，他樹立新目標……

但這些新目標並不能讓他免除那些痛苦，反而讓他的痛苦越積越多。

生活太苦，我們就有可能爲「甜」發愁

如果生活太苦，我們就有可能為「甜」發愁。

一個窮人，卻為假如有了錢該怎麼花而發愁。

一個一直沒有男朋友的女性，卻為假如同時多個男人愛上自己該怎麼辦而發愁。

一位男士，一生多舛，很小就失去了父母，但他卻常對別人說，你看我多麼自由，自由真好，你難道不羨慕我嗎？

這些都是自我欺騙。

本來，他們都應該為「沒有什麼」而發愁，但這太傷自尊了，所以，改成為「有什麼」而發愁。這樣一來，自尊得到了保護，他會覺得，自己的人生也並非一無所有。

很多時候，人生太苦了，所以，這種自我欺騙的方式，可以保護我們，讓我們不會因為苦難太多而喪失活下去的勇氣。但是，如果這種方式用得太過，我們的現實知覺能力就會受到損害，並喪失面對真相並從中獲益的機會。

阿良（化名）是彩券的忠實擁躉，每期必買，但比較理性，每一期都不會花費太多錢，即將退休的他沒有多少錢。

既然每期投入不多，阿良的家人也不反對他買彩券。只是，他們現在越來越無法忍受阿良的另一種行為：整天唉聲嘆氣，為假如中了大獎怎麼辦而發愁。

阿良不像其他買彩券者，會忐忑不安，會因為期待中獎而緊張。阿良好像不想中獎似的。相反，他倒是整天愁眉苦臉地對家人說：「好煩啊，要是中了五百萬，我該怎麼分配呢？多少用來買房買車，改善生活？多少分給親戚朋友？又有多少捐出去做善事？」

家人對此覺得不可思議，他們對阿良說，中五百萬的機率很小，很難的。再說，中了獎再為分配獎金發愁也不遲，現在八字還沒一撇呢，為一點影兒都沒有的事情發愁，有什麼意義呢？

然而，所有親人的勸導都無法影響阿良，他仍然每天碎念，為該怎麼分配那五百萬發愁。

逃避真實的心理感受

心理諮商師榮偉玲說，為假如中了五百萬而發愁有一定的現實意義。有些人中了五百萬後，由於處理不當，生活反而變得更糟，這樣的事情並不罕見。

此外，她認為，中國人的觀念中，大家隱隱知道，中了大獎，會讓親朋好友或同事眼紅。如果中獎後不想破壞現有的人際關係，最好讓大家都分一杯羹。

她說：「我們習慣上認為，中了大獎不是自己一個人的事，我們應該分一點出來，這種『均貧富』的想法，已經是中國人的集體潛意識。」

而且如果真中了大獎，如何分配絕對是一門學問，處理不好肯定會引起一些麻煩。

榮偉玲的一個朋友，也是想像自己中了大獎該怎麼分配，結果他把幻想說給家人聽，卻引起麻煩。

他的分配方式是，給父母幾萬元，給兄弟姐妹每人數萬元，給妻子只有幾千元。聽到這個分配，妻子非常生氣，對他說：「我現在才知道我在你心裡是什麼位置，原來只是你父母的百分之一，你兄弟姐妹的十分之一。」

結果，妻子和他冷戰十幾天，後來他極力向妻子解釋，他是想，他的錢就是她的，給她幾千元，只是先滿足她一些沒有實現的願望，而剩下的近三百萬元，他其實一直是視為他們兩人的共同財產。好說歹說，妻子才原諒他。

這件事表明，如何分配五百萬元大獎，的確是一個難題，是一件容易讓人煩惱的事情。

不過，相比起這個八字還沒有一撇的煩惱，阿良還有更實際的煩惱：他已五十多歲，即將退休，大半生的積蓄都因買股票被套牢，他和家人正面臨著生活沒有保障的嚴峻前景。

他的確是應該為生計而發愁。

「發愁的情緒是真的，但發愁的內容被替換了。」榮偉玲說，「為沒錢而發愁，很沒有面子，會打擊自尊心。於是，不如換一下內容，為有錢而發愁。這樣一來，感覺上就好多了，不再是沒有面子，甚至還可以驕傲一下。」

為了保護自尊和面子，而替換發愁的內容，這在我們的生活中，是很常見的事。

榮偉玲說，我們經常可以看到這樣的女孩：由於種種原因，她年紀不小了還沒有談過戀愛，也很少有男性追求。但是，她不為自己沒有男友發愁，相反，她倒是經常幻想，如果同時有幾位男性追求，她該怎麼辦。

並且，她還很喜歡把這種幻想說給周圍的人聽，甚至讓他們給她出主意，假如同時被幾位男性追求，她該怎麼處理。

這和「假如中了五百萬該怎麼辦」的煩惱是一樣的。一直得不到異性喜歡是一件很苦惱的事情，但面對這個苦惱太難過了，女孩沒有勇氣面對，所以改變了苦惱的內容，把「為沒有異性追求而苦惱」變成了「假如很多異性同時追求該怎麼辦」的苦惱。

這種自我欺騙的方式用的是置換的手法，置換了苦惱的內容。置換還有另一種手法，即置換主角，本來是我為一件事苦惱，但我不願意碰它，於是變成我為別人這樣的事情而苦惱。

譬如，一個女孩，一直沒有男朋友，也沒有信心面對異性，但她卻特別熱衷於為別的女孩介紹男朋友，還很焦急地跟別的女孩說，妳這麼優秀這麼好，沒有男朋友怎麼行。

其實，她是置換了苦惱的主角。本來，是她為沒有男友而苦惱，但她不願意面對這件事，於是變成了為別的女孩沒有男友而苦惱。

而且當她說「妳這麼優秀這麼好」，實際上反映出她對自己沒有信心，她認為，只有「這麼優秀這麼好」的女孩才配談戀愛，而不夠好也不夠優秀的她不配談戀愛。

其實，這是她自己的心理在作怪。喜歡她的異性不少，也有不少異性喜歡和她在一起，但她對自己要求比較高，認為只有達到某種條件後才配談戀愛，否則就是對戀人不負責任。

病態的心理防禦機制

精神分析的一個重要貢獻，是發現人們形形色色的心理防禦機制。這些心理防禦機制的目的本是為了保護心理免受傷害或痛苦，但是，如果習慣用心理防禦的手段處理問題，結果反而會加重自己的心理痛苦。

原因在於，心理防禦行為有一個本質特徵，就是逃避真實，例如，否定真實的心理感受，歪曲造成痛苦的客觀事件等。這種應付的方式往往會收到暫時的效果，就像一個人遇到問題去買酒求醉，從而把問題「忘記」一樣。但是，問題的根源還在那裡，會在日後產生更嚴重的心理危機。

不過，有相對健康的心理防禦機制，或者說較少使用心理防禦機制的人，幾乎都是在比較健康、寬容、充滿信任的童年環境中長大的。而在艱苦、挑剔甚至充滿敵意的環境下長大的人，不可避免地會有較不健康的心理防禦機制。

一位男士，一生多舛，父母在他很小的時候就相繼遭遇意外去世，他經過艱苦的奮鬥才長大成人，讀了一流大學，畢業後在一家外資企業工作。

如果和他喝酒喝到深處，他會痛哭流涕，講他的人生多麼不幸，他是何等羨慕那些在正常家庭長大的孩子。但清醒的時候，他不會這麼說。相反，他會說，他一點也不羨慕別人，因為很多父母太糟糕了，還不如自己一個人。何況，他擁有別的孩子都沒有的自由，而且現在過得也不比別人差。

他這是置換了主語和賓語，本來，他的真實想法是「我羨慕你們」，但卻被他置換成「你們應該羨慕我」。

這已經有一些「酸葡萄」的味道：我能吃到的就是好的，你們吃的，滋味都不如我好。置換內容、置換主角、互換主語和賓語、酸葡萄心理……這些看上去不夠健康的自我欺騙方式，都有一定積極的作用：保護當事人，使其不喪失活下去的勇氣。

這些有點病態的方式，多是在遭遇接二連三的挫折後形成。阿良是在即將退休、積蓄被股票套牢、自己和全家人的生計都面臨生存壓力的情況下，發展出「假如我有錢該怎麼辦」的自我欺騙方式。

那位在外商工作的男士，他的人生相對可能更為不幸，如果過早地面對父母早亡這個不幸，他可能會悲傷得失去活下去的勇氣。相反，運用一下「我不羨慕你們，你們該羨慕我」這種自我欺騙的方式，他就不會那麼悲傷，甚至還能帶著驕傲而活。

人生太苦的人，經常會發展出一些病態的自我保護方式。這些方式，雖然限制了他們，損害了他們的現實感知能力，但從另一個角度看，這些病態的自我保護方式，也有相當積極的意義。

但必須強調，不是所有遭遇太多苦難的人，都會發展出這些自我欺騙的方式。實際上，也有不少人，總能鼓足勇氣，「面對慘澹的人生」。

不管遇到什麼挫折，都有一個安全基地

那麼，這種面對悲慘的勇氣，是怎麼發展起來的呢？

三歲前是關鍵的時期。首先，這個年齡段，孩子與母親（或類似母親的角色）的分離要少。我們懼怕不安全的環境，懼怕挑戰，懼怕面對慘澹的人生，按照心理學的說法，本質上都源自童年形成的不安全感，而這種不安全感，主要來自與父母的分離，尤其是與母親的分離。如果經常與母親分離，而且孩子沒有一點預期，那麼分離的痛苦會遠超出孩子的承受能力，會讓他在很小的年紀就發展出一些自我欺騙的方式，以告訴自己「與媽媽分離，沒有那麼痛苦」。長大了，這種邏輯會發展成「生活中的那些災難，沒有那麼痛苦」，甚至乾脆說，「那些災難根本就沒發生」。

這是很關鍵的一點。有極少數人，在屢屢遭遇與母親分離的痛苦後，反而會變得特別膽大（其實他們內心仍然很膽怯），特別喜歡災難的挑戰，甚至會成為社會中的佼佼者。但多數人，如果在三歲前遭遇了太多太漫長的與母親的分離，那麼他以後會變得特別不敢面對生活中的不幸與災難，他的自我欺騙方式會特別多。我們勇敢，是因為心裡有安全基地。其次，

從一歲半至兩歲開始，要鼓勵孩子探索未知世界。這之後的很長一段時期，是孩子發展勇氣和獨立探索能力的關鍵時間，父母不要苛求孩子的絕對安全，而不放手孩子去探索他的未知世界，譬如說爬十公尺去抓自己的玩具。如果父母看孩子辛苦，而自己邁幾步把這個玩具遞給孩子，那麼孩子的這次探索其實等於失敗告終，他的勇氣和探索精神就受到了一次損害。如果這樣的事情經常發生，那麼，他就會變成一個懶惰、沒有勇氣的人。

不過，在孩子進行這些探索的時候，雖然父母不可以經常替他去做，但一定要有人陪伴他，當他遇到挫折的時候安慰他，等他情緒平靜下來後再鼓勵他繼續進行探索。這樣一來，這個孩子就會形成一種心理：不管我遇到什麼挫折，我的背後一定有一個安全基地。等長大以後，這種心理會埋在他心底，讓他成為有勇氣的人。

我們只看到了一些成年人的勇氣，但實際上，我們卻容易忽略，他這種勇氣其實是來自關係，是潛意識深處相信自己不管遇到什麼挫折，都有一個安全基地。

大學生的自殺之痛

二〇〇五年下半年，中國北京一些院校頻頻發生大學生自殺事件，令人遺憾。

但是，這些大學生自殺事件，和其他自殺事件一樣，其實有機會可以避免。要做到這一點，首先要瞭解自殺的特點，瞭解大學生自殺的原因，然後對症下藥，在事件發生前進行有針對性的危機干預。

北京大學心理學系的鐘傑博士說，他深信，只要能進行及時而合理的干預，絕大多數自殺事件是可以避免的。逝者已逝，謹希望這篇文章能防止更多的自殺慘劇發生。

二〇〇五年八月三日，北京大學心理學系的姚萍博士說，和普通人一樣，大學生自殺也可以被分為三種常見的類型：衝動型自殺、憂鬱型自殺和精神異常引起的自殺。

衝動型自殺最為常見，當事人常常因為一時「想不開」就想自殺，行動缺乏周密計畫。衝動型自殺也最容易制止。

憂鬱型自殺又稱為理智型自殺，當事人一般患有嚴重的憂鬱症，在自殺前會進行周密的策劃，自殺發生時也難以制止。但是，可以通過心理治療和藥物治療進行預防。

第三種情況比較複雜，嚴格來說並不能稱為自殺，因為當事人並沒有自殺企圖，只是因為產生一些精神異常的症狀，譬如幻覺，從而導致意外死亡。姚博士說，她更願意將這一類型稱為「精神異常導致的意外事故」。

衝動型自殺最常見

衝動型自殺又可以分為兩種類型：一，普通的衝動型自殺，二，邊緣型人格障礙引起的衝動型自殺。

前一種當事人在遭受了心理創傷事件後，會整天只想著這個創傷事件，陷入其中不能自拔。這時，他們的思考非常片面，注意力全集中在負面資訊上，什麼事情在他們眼裡都變成了壞事。他們經常說「想不通」「想不開」這樣的詞，當不良情緒累積到一定程度，他們心中很容易產生自殺衝動，但這種自殺也很容易被拯救。

譬如，北京大學一名女生，成績非常優秀，她將某獎學金視為自己的囊中之物，但最後卻沒有獲得該獎學金。她一時想不開，就跑到一棟樓的樓頂，想跳樓自殺。但剛爬上樓頂，她的手機響了，是一個關係很好的同學打來的，這個同學瞭解她的心情，擔心她想不開。這個電話讓女生感受到了人與人之間的溫暖。於是，在同學的安慰下，她放棄了自殺的念頭。

姚萍說，衝動型自殺者有一種「自殺思維迴圈」，讓當事人只關注負面資訊，這個心理機制不斷重複，自殺的衝動就會越來越強。但一旦有外人介入，這種「自殺思維迴圈」就很容易被打破，當事人很快會放棄自殺衝動，並覺得自己的自殺念頭原來那很笑。這名北大女生的情形正是如此，她一個人會「想不開」，但有一個好朋友介入，她就「想開了」。

衝動型自殺最常見。不過，姚萍說，只要進行干預，大多數衝動型自殺都能夠制止。干預者只需要認真傾聽、理解，並指出他思維中的片面性，或引導他做更全面的思考即可。姚博士做過多次自殺干預，若斷定對方是衝動型自殺，她會傾聽他們的故事，和他們輕鬆地探討：「如果真死了，你有什麼後悔的事嗎？」「你還有什麼事情沒有完成嗎？」

華南師範大學心理諮商研究中心的李江雪老師說，其實，在一生中，產生死的衝動是一件很正常的事。幾乎每個人都或輕或重地產生過自殺衝動。但是，若身邊同學產生自殺的衝動，旁邊的人千萬不要覺得「他只是說說」，而不予以重視。

李老師說，她接待過一個女大學生，有一天，她很想自殺，她計畫等宿舍裡的同學都離開便割腕自殺，但有一個同學一直待在宿舍裡沒走。急不可待之下，這名女生「實在等不及了」，拿一把刀子就跑向廁所，想在那裡自殺。她的同學發現，立即跟過去，及時阻止了她。

這名女生後來對李老師說，她當時也不知道為什麼，但滿腦子裡想的就是趕快割腕，根本沒有想過割腕的痛苦，也沒有想過自殺會給親人帶來多大的痛苦，就是一時的激烈衝動。

衝動型自殺中還有一種類型：邊緣型人格障礙（ＢＰＤ）引起的自殺衝動。專門研究ＢＰＤ的北京大學心理學系的鐘傑博士說，這一類患者經常有自殘行為，嚴重的時候就會自殺。鐘博士介紹說，中國ＢＰＤ的患病率為10％至20％，80％的ＢＰＤ患者有自殺經歷，是常人的五十倍，４％至10％的ＢＰＤ患者會自殺成功。ＢＰＤ多見於女性，據鐘博士估算，到學校心理諮商中心求助的女大學生中，至少有10％是ＢＰＤ。

他說，ＢＰＤ患者一般都有一個支離破碎的童年，不斷遭受最親近的人如父母的傷害，很多患者還遭受過性侵。他們的心理創傷太多太重，所以很容易產生自殘甚至自殺衝動。一般說來，他們會在親密人物離開自己，或者與親密人物發生嚴重人際衝突時產生自殺衝動。但他們的自殺多數情況下不會成功，因為他們主要是藉由自殺爭取愛與關注，如果親密人物關注他們、愛他們，他們就容易中斷自殘或自殺行為。

ＢＰＤ患者的心理痛苦很大，而生理痛苦可暫時轉移對心理痛苦的注意，所以ＢＰＤ患者常做出自殘行為。

他說，ＢＰＤ患者在衝動型自殺中占了相當的比重，但中國高中的心理諮商人員一般缺乏處理ＢＰＤ的經驗。而且，即便對經驗非常豐富的心理諮商師來說，ＢＰＤ患者都是一個棘手的挑戰。

憂鬱型自殺難被現場制止

憂鬱型自殺又可稱為理智型自殺，憂鬱症自殺者會周詳地安排自殺計畫，其自殺不是為了贏取關注和愛，他們的自殺更容易成功，而且更不容易被現場干預制止。但是，憂鬱症患者只要能得到充分的心理治療，就不難痊癒。

北大中文系某女生，自殺前在北大ＢＢＳ上發了一篇文，上面寫著「我列出一張單子，左邊寫著活下去的理由，右邊寫著離開世界的理由。我在右邊寫了很多很多，卻發現左邊基本上沒有什麼可以寫的……對於親人，我只能夠無奈，或許死後的寂靜，就是為了遮罩他們的哭聲，就是能讓人不會在那一刻後悔」。

這名女生應是憂鬱型自殺，而且，她的自殺還帶有一些哲學思想的色彩。姚博士說，這是處於青春期大學生的一個特點，因為青春期的學生，尤其是一些優秀的學生，會思考活著的意義，思考生與死。而且在其中一個階段，他們會對人性、對世界產生一種絕望感，但如果能在長輩、老師或書籍的影響下，走出這個階段，他們就會對人生產生更全面、更積極的看法。

鐘博士說，國外最新的研究發現，憂鬱症既是心病，也是生理疾病，患者大腦中的海馬迴已發生了病變，所以憂鬱症患者只靠自己是很難痊癒的，必須尋求專業幫助，最好進行藥物治療。

但藥物治療只是治標，憂鬱症要想徹底痊癒，心理治療必不可少。鐘博士說，國外研究還發現，隨著憂鬱情緒的緩解，海馬迴中的病變也會逐漸恢復正常，而這也表明了心理治療的意義。

他說，一個憂鬱症患者如果已站在高樓上準備自殺，此時再進行干預是很難的。所以，對憂鬱型自殺，最好是預防，先發現，然後接受藥物治療和心理治療。

華南師範大學的李江雪老師講了一個治療成功的例子：

一名女大學生，先考上了北京一所工科院校，但因為不喜歡所學專業，她休學重考，考上了廣州某大學物理系。進了這所大學後，她又努力轉系。在這個過程中，她不斷遭受挫折，憂鬱情緒越積越重，最終患憂鬱症，並決定自殺。她一共進行了三次計畫周密的自殺，但都因為一些「意外」而放棄。有一次，她策劃在就診的某醫院頂樓跳樓自殺，但就在那一天，這所醫院通向頂樓的門忽然被鎖住，她不得不放棄。另外兩次也是因為這樣細節上的意外，使她不得不放棄自殺。

在不斷嘗試自殺的同時，她仍在接受治療。漸漸地，治療的效果越來越好，她的憂鬱情緒逐漸改善，最終她的自殺意念消失了。

「精神上的意外」

精神異常的病人會因為產生幻覺而意外死亡。譬如，有些精神異常的病人產生了幻覺，相信自己是一隻飛鳥，於是跳了樓。

憂鬱型自殺或衝動型自殺，當事人都有明確的自殺企圖：在意識上有自殺企圖。但是，第三種類型「自殺」者沒有自殺企圖，姚博士說，用「精神上的意外」來形容這一類「自殺」更合適。

鐘博士則說，思覺失調症和躁鬱症患者容易發生這種「精神上的意外」。發生意外的原因一般有兩種：幻覺或被外部思維控制。

產生幻覺的人，會失去自知力，譬如相信自己變成了一隻飛鳥，認為自己可以飛翔，於是從高處飛下去。被外部思維控制的患者，會幻聽到一個聲音，命令他去做一些事情，譬如命令他「跳下去」，於是，病人做了跳的動作，但因為喪失了自知力，所以不知道跳下去會有什麼後果。

鐘博士概括說，這類病人已經喪失了「現實檢驗能力」，不知道自己即將做的事情有多危險。對於這樣的病人，要做到兩點：

1對病人、家屬和他身邊的人進行教育，告訴他們，患者的大腦中到底有什麼變化，讓他們清楚知道大腦病變的原因，瞭解症狀的產生與預防。

2時刻監護他，防止獨處。

鐘博士說，對於精神異常的人，我們普遍會產生恐慌，不知道該怎麼對待他。但如果能做到以上兩點，患者可以帶著症狀生活，譬如改編真人真事的電影《美麗境界》（*A Beautiful*

Mind）就反映了這一事實：數學家約翰・納許罹患思覺失調症，但他逐漸清楚自己的幻覺，最終具備了現實檢驗能力，帶著症狀繼續工作，並於一九九四年獲得諾貝爾獎。

嚴重的精神疾病就像嚴重的生理疾病，只要治療得當，患者儘管難以徹底痊癒，仍可以帶著症狀享受生活。

鐘博士說，最近「自殺」的北大心理系學生，並非像媒體所說，是罹患憂鬱症自殺。因為在出事前，沒有任何跡象顯示他有自殺企圖。相反，他正在積極準備一個英語競賽，還在高興地等待接待來自台灣的朋友。

儘管有一些憂鬱情緒，但這名學生在學校的人際關係不錯，他的父母非常愛他，對他的教育也很健康，他沒有遭受過明顯的心理創傷。

鐘博士說，就他的瞭解，這名學生的大腦發生了病變，產生了一些精神症狀。他很可能在「自殺」前又產生了這些症狀，這些症狀導致了這一意外事故的發生。

他說，這名學生的意外死亡讓他感到非常內疚。作為北大心理系的教師，他知道這一類患者需要特殊監護，不應該獨處。

鐘博士說，他本來可以對這名學生進行教育，告訴他，他的大腦裡究竟發生了什麼，他的症狀到底是怎麼一回事。如果這種教育充分，再加上監護，這次意外事故是可以避免的，這名學生可以帶著他的症狀享受生活。

大學生的自殺傾向多數是在以前形成

華南師範大學心理諮商研究中心的李江雪老師說，每次新生入學，她都會進行心理健康普查，每一屆差不多都有四五十名新生承認，自己有自殺傾向。如果發現學生有自殺傾向，諮商中心的老師就會請他們單獨過來談談。

在談話過程中發現，讓他們產生自殺念頭的事件也形形色色，最常見的是家庭或學校裡發生的創傷性事件。而且，這些事件經常是很小的事情。

譬如，很多人第一次產生自殺的念頭，只是因為在學校被老師當著全班同學打了一巴掌。還有的學生是因為被老師「出賣」，一些老師讓學生提書面意見，並且承諾不會公開，但等學生提出意見，老師卻違背諾言，在課堂上當眾念出，並且極盡挖苦之辭，結果令學生產生自殺的念頭。

但為什麼不自殺呢？學生們最常見的理由是不能對不起父母，他們常說：「如果不是為了父母，早就自殺了。」

可以說，因為這些在過去形成的心理創傷，很多大學生都埋藏著自殺傾向這顆炸彈，只是導火線沒有被點燃而已。但如果日後又發生了新的創傷事件，炸彈的導火線就會被點燃。

每個人在成長過程中都會遭受各種創傷，但如果他自己有良好的平衡能力，這些創傷就不會引發嚴重的後果。但是，我們的大學生經常會遭遇這方面的難題。

李老師說，從小開始，我們的學生就被灌輸一個觀念：學習成績是評價他的最重要標準，甚至是唯一標準。這個標準成為他支撐自己的支柱，但進入大學，這個支柱會受到嚴重挑戰，很容易倒塌。

中國廣州一所名校的一名碩士研究生，成績一向優異，已經獲得了保送博士的資格。但就在碩士畢業的一次考試時，他費盡心血寫的一篇論文沒有存檔，結果得了零分。他本來完全可以和老師商量，讓老師再給他一次考試的機會，但他沒有這麼做，而是立即自殺。

李老師說，實際上，許多成績優異的大學生，在大學階段如果只會學習，他們的這根支柱會不斷動搖。

他們會發現，自己不會和異性相處，而這似乎比成績更重要。

他們會發現，自己只能待在學校裡，因為缺乏社會適應能力。這樣的事情不斷發生，令只會學習的大學生不斷降低對自我的評價，那根「好成績」的支柱也越來越脆弱。一旦這根支柱傾倒，他很可能會立即崩潰。

那麼，面對這種情況，學校應該做些什麼呢？李老師說，由點到面地做好心理輔導工作至關重要。

她說，首先，學校應該有一個面對學生的心理諮商室，並且要對學生宣傳心理諮商的重要性，讓他們知道，有心理創傷沒關係，他們還有地方可以尋求幫助。

但是，很多有問題的學生不會主動尋求幫助。這就需要他身邊的師生有這種意識：看到某個人有問題，就應該和心理諮商中心聯繫。

李老師說，二十世紀九〇年代，華師大差不多每年都有一名大學生自殺。但自從二〇〇一年設立心理諮商中心到現在，華師大再沒有發生過學生自殺的事件。

關係，是生命最本質的渴求

可怕的童年，恐怖的父母

羅伯特‧皮克頓（Robert Picton），被補時五十七歲，擁有一個養豬場，被認為是加拿大歷史上最恐怖的連環殺手，警方在他的養豬場裡已找到二十六名被害女子的骸骨。這一數字可能僅是皮克頓手下冤魂數量的一半，因為被捕入獄後，他對同住一室的「臥底獄友」說，他本來想再殺一人，以湊夠五十人的整數。

現在，連環殺手或隨機殺人已不再是一個陌生的概念。皮克頓之前，一個叫馬克‧勒平（Marc Lepine）的加拿大男子在一所學校殺了十四人（蒙特婁大屠殺）。在美國，幾乎每年都會爆發幾起隨機殺人事件，少則數人遇害，多則幾十人。

很多人犯罪是為了金錢和權力。但是，這一規律顯然不能套在皮克頓這類殺人犯頭上。因為僅從利益上看，這顯然是雙輸的，受害者不用多說，而犯案者也沒有收穫什麼利益。

那麼，他們為什麼殺人？殺人給他們帶來了什麼？

美國聯邦調查局（ＦＢＩ）的羅伯・Ｋ・雷斯勒（Robert K. Ressler）在他的著作《世紀大擒兇》（*Whoever Fights Monsters*）中給出了答案：

這些人常常是憑藉違法來尋求自己情緒上的滿足，就是這個原因才使得他們異於常人。也就是說，這些連環殺手之所以沉溺在殺人行動中，只是為了滿足他們特殊的情緒需要。

作為ＦＢＩ的心理分析人員，雷斯勒的主要工作是為那些特別兇殘的案件「描繪嫌犯、勾勒嫌犯」。他和其他一些出色的同事，憑藉扎實的精神病學和心理學的知識，能僅憑案發現場或案發現場的照片，就可大致推斷出兇手的膚色、年齡、身高、個性、家庭狀況、工作狀況等關鍵資訊，從而大大縮短警方破案的時間，好萊塢著名的電影《沉默的羔羊》就取材於他的真實工作。

在ＦＢＩ工作的數十年時間裡，雷斯勒一直關注那些連環殺手，對一百多名惡名昭彰的連環殺手（清一色是男性）進行過深度訪談，並據此寫下《世界大擒兇》一書。在書中，雷斯勒稱，他們幾乎全是偏執狂，如偏執型思覺失調，或偏執型人格障礙，而且他們還有共同的人生軌跡：

六歲前，有一個糟糕的媽媽。孩子六歲前與媽媽的關係是最重要的，這個關係會讓孩子瞭解什麼是愛。然而，這些連環殺人犯，他們沒有這個運氣。

八至十二歲，有一個糟糕的爸爸。一般而言，這個青春前期是孩子走出家並和同齡人建立關係的重要時期。如果說，與媽媽的關係是「內向」的，那麼與爸爸的關係就是「外向」的，一個好的爸爸，會幫助孩子走出家，走向更寬廣的世界。但是，這些連環殺人犯通常有一個暴虐的爸爸。

十二至十八歲的青春期，沉溺在充滿暴力的幻想中。在青春期，每個人都有過各種各樣的幻想，尤其是一些性幻想。只是，正常男孩的性幻想中，不僅他在享受，性的物件也在享受，幻想中的關係基本是平等的、充滿愛意的。但那些未來的連環殺手，他們的性幻想中，完全是「獨樂樂」，而且，他們的快樂一定是建立在對方的巨大痛苦之上，其中經常有死亡的內容。此外，因為他們既缺乏「內向」的好的人格特點，也缺乏「外向」的與別人建立關係的能力，這註定他們會非常孤獨，既不能和同性建立友誼關係，也不能和異性建立親密關係，這種孤獨生活令他們更容易沉浸在這種可怕的性幻想中。

二十至三十歲的成年期，開始殺人。多數連環殺手是成年後才開始行兇，但也有一部分是在十幾歲就開始殺人。第一次殺人，都有一些特殊的觸發因素，一般都是遇到了生活上的一些挫折，譬如與父母的爭吵、失業或被人欺壓等。這次殺人，儘管看似是偶然的，但一些細節和他們的幻想內容相吻合，並因滿足了他們多年來一直沉浸著的幻想，他們會感受到巨大的快感。由此，儘管他們也會悔恨，也會害怕，但幻想和快感會驅使他們繼續殺人。

連續殺人。對連環殺手而言，渴望不斷改進並試驗新的殺人手法，就像毒品一樣誘惑著他們，令他們根本無法停下。

有一個可怕的童年，是這些連環殺手最一致的人生特點。

雷斯勒和一些專家深入調查三十六名連環殺手，發現他們的童年都曾傷痕累累。他們的父母或許看上去很正常，但事實上問題叢生，一半連環殺手的父母有精神疾病，一半有犯罪紀錄，近七成有酗酒或吸毒，而每一個連環殺手也都是自童年開始就出現嚴重的情緒問題。

心理學認為，六歲前的經歷決定了一個人的人格。雷斯勒則認為，對六歲前的孩子而言，最重要的成人是母親，一個溫暖、充滿愛心的母親會幫助孩子懂得什麼是愛。但不幸的是，這三十六名罪犯與母親的關係清一色是冷淡的、互相排斥的。

譬如吸血鬼殺手理查‧喬斯（Richard Chase），他在半瘋狂狀態下殺了六個人，並剖開那些被害人的胸腹，喝他們的鮮血。他的母親，患有偏執型思覺失調症。這樣的母親，因為沉浸在自己的妄想或幻想世界裡，基本上不可能給予幼小的孩子愛和溫暖。

再如泰德・邦迪（Ted Bundy），他非常聰明，且英俊瀟灑，非常善於對女人甜言蜜語，但他誘惑女人是為了淩辱再殺害她們，死在他手下的女孩難以統計，她們都長著同樣的臉形，都是長髮，有相似的面容。被捕後，他說他是被姐姐撫養長大，但警方調查後知道，他說的姐姐就是他媽媽，邦迪小的時候，她一直虐待他，而且還有性虐待。

還有大衛・伯科維茨（David Berkowitz），他一年中在紐約殺死六人，並且在開始殺人前，曾在紐約市縱火一四八八次，保持了「日縱一火」的紀錄。他從小被寄養，而且與寄養家庭不和。於是，他一直渴望找到生母，後來果真找到了生母和親姐姐，但生母拒絕接納他。

有一個糟糕的媽媽已夠痛苦了，然而更糟糕的是，他們普遍還有一個失職的爸爸。雷斯勒認為，八至十二歲，是一個男孩走向社會的關鍵時期，引領他們完成這個任務的，不再是媽媽，而是爸爸。但是，他們要麼這一時期沒有爸爸，要麼爸爸是個暴君，酗酒、吸毒、亂交、毒打妻子和兒子。這只能讓這些男孩更進一步受到傷害。

本來，對一個男孩而言，父母該是最親密、最值得信任的人，但是，現在傷害他們最重的，恰恰是這兩個最親密的人。這讓他們對親密關係充滿恐懼，並對包括父母在內的所有人都懷有敵意。在母親和父親的雙重折磨下，他們開始相信，這個世界上只有暴力關係，只有淩辱和被淩辱的關係。要想不被淩辱，只有去淩辱。

這種觀念深入內心最深處，並在青春期讓他們收穫了慘重的代價——徹頭徹尾的孤獨。

孤獨的青春，致命的幻想

關係，是生命最本質的渴求。

不管一個人自詡多麼強大，沒有關係，尤其是沒有親密關係，這個人的內心一定會出現問題。譬如梵谷，他是繪畫天才，但沒有與異性的親密關係，他瘋了；再如尼采，他是哲學天才，但他最愛的莎樂美不愛他，他陷入孤獨，最後也瘋了，說「我是太陽」，那是絕對的自戀，也是絕對的瘋狂。

人可以很執著，可以不顧一切追求自己的事業，不管那個事業是否被社會認可。但是，他必須有好的親密關係，否則他有很大的可能會瘋狂。

不過，親密關係也是令人最無奈的事情。因為，它是相互的，你可以決定自己怎麼做，但你不能左右對方。簡單而言就是，你喜歡一個人，卻不能保證對方也喜歡你。

學習建立關係，是青春期最重要的內容之一。相對而言，健康家庭長大的孩子，因為懂得愛、溫暖和快樂，能適度地站在對方的角度考慮問題，所以相對能更好地擁有親密關係，可以逐漸靠自己的力量走出原生家庭，建立自己的人際網路。但是，那些未來的連環殺手，儘管多是察言觀色的高手——因為他們必須揣測父母的內心，否則難以生存——但他們沒有能力付出愛，無法讓別人感受到溫暖，結果，他們有些人可以很快與別人建立關係，卻無法擁有穩定的關係。他們沒有同性朋友，也很少有女孩願意和他們約會。結果，他們只有陷入孤獨。

但是，「渴望關係」是人的一種本質需求。如果正常的途徑不能滿足這一需求，他們會通過其他途徑來滿足，那就是帶有性幻想內容的白日夢。

很多青春期的孩子都孤獨過，每一個青春期的孩子都有過性幻想。不過，正常孩子性幻想的內容是相對健康的，他幻想和女孩親熱，但這個幻想中的關係是平等的，還常把女孩（有時幻想物件是同性）置於很高的位置上。相反，這些童年飽受摧殘的未來連環殺手，他們的幻想內容主要是暴力，即通過暴力的手法強行與女孩建立關係，而幻想的結果常常是要女孩死去。

而且他們也不只是幻想。在平時的交往中，他們對女性也不夠尊重。這就導致了一個惡性循環：糟糕的性幻想讓他們更孤獨，孤獨讓他們更沉浸於糟糕的性幻想。

譬如唐安．山普斯，他殺死了漂亮的女鄰居，而之所以殺她，是因為他請求她赤裸著身體殺掉他，但被拒絕了，於是他轉而殺死了她。後來，山普斯說：「被一個漂亮女孩所殺是我一生的幻想。」

後面將提到的埃德蒙．坎伯（Edmund Kemper），他十二歲時求姐姐和他玩「毒氣室」的遊戲，央求姐姐把他捆在椅子上，然後打開煤氣裝死。在這個別人看起來毫無樂趣的遊戲中，坎伯會感到莫大的快感。

性幻想中的虐待和死亡，以及遊戲中的虐待和死亡，會給這些未來的連環殺人犯帶來快感，但遠不如真正的虐待和死亡帶來的快感。對此，雷斯勒在書中描繪說：

幻想結束，取而代之的是真正的殺戮，一個小時候把姐妹的芭比娃娃頭給扭斷的人，長大後也會把被害人的頭顱給砍下來，這確有此事，絕非危言聳聽。另外還有位殺手小時候經常與鄰家小孩在田野上玩，不過只有他拿了把手斧與玩伴們打鬧，任誰也沒想到他長大後，謀殺別人的工具正是那把手斧。

表達愛的方式並不是絕對的「占有」

第一次殺戮，或第一次暴力，一般都是在遭遇挫折後。譬如連環殺手約翰·裘伯特（John Joubert）第一次實施暴力是十三歲，當時他和最好的朋友失去了聯繫，感到苦悶，騎著腳踏車的他看到了前面一個小女孩，於是在騎過她身邊時，將手裡的鉛筆插入小女孩的背上。結果，這個暴力行為給他帶來了巨大快感。於是，他的暴力行為很快升級，第二次還是騎著腳踏車，但用的就是一把鋒利的刀子了。

少數的連環殺手，因為陷入精神失常的狀態，失去了理智，於是亂殺一通，沒有明確的選擇。不過，多數的連環殺手，他們選擇的殺害物件，都是有一些共同的特徵。譬如前面提到的泰德·邦迪，他殺害的女孩年齡相當、相貌相像且全是披肩長髮。

為什麼會這樣選擇呢？還是要回到童年尋找答案。我們可以推測，那些女孩和他母親很像，他小時候屢屢受母親傷害，所以對母親有刻骨仇恨。但那時不敢對母親表達，所以這仇恨埋在心底，等長大了，自己有力量才開始報復，但仍不能對母親表達，於是選擇的都是像母親的女孩。

埃德蒙・坎伯的例子最能說明這一點。有NBA中鋒體格的他十五歲時殺死了祖父母，被判入獄服刑。後來，母親用盡辦法把他接過來同住，但同住好像是為了折磨兒子似的，她頻頻羞辱兒子。一次她對兒子說，她五年內找了六個男人，就是因為她兒子是個殺人犯。坎伯聽了非常憤怒，他開車跑出去，喃喃自語說：「今天晚上我看到的第一位美女必須死。」結果，一位在大學校園散步的女孩成為犧牲品。他邀請那女孩上車，強暴並殺死了她。顯然，這個女孩只是一隻替罪羔羊而已。

而有些連環殺手想殺死的則是自己。約翰・裘伯特殺死了多名男報童，他膽怯、害羞，在戀人移情別戀後，他感到嚴重的羞辱。於是，他殺死了第一名報童，而那名報童的性格和相貌，很像小時候的裘伯特，而且裘伯特自己也做過報童。這樣做也有特殊的含義：不是我裘伯特受到了羞辱，而是那個小子受到了羞辱。

這種心理機制，叫作「向強者認同」。裘伯特從父母那裡受夠了羞辱，結果他心中就有了一個「實施羞辱的暴虐父母」和「承受羞辱的自卑男孩」，裘伯特認同強者，就是認同了「實施羞辱的暴虐父母」，但怎樣才能把「承受羞辱的自卑男孩」的那種糟糕感受宣洩出去呢？最直接的辦法就是找一個很像自己的小男孩。

裘伯特殺掉「自己」，坎伯殺掉「媽媽」，是他們的「內在的父母」和「內在的小孩」

相互仇恨的關係的展現。他們青春期的致命幻想，其實也是在重複展現這個主題。現在的殺戮，則是最終極的展現，並且因為自幼年起累積了太多的仇恨和憤怒，這種終極展現會帶來強烈的快感。

一旦品嘗到殺戮帶來的快感，就很難收手了。連環殺手威廉・海侖斯（William Heirens）殺死第一個女孩後，一方面感到特別悔恨，另一方面又很興奮。後來，他又殺死了兩個女孩，每次心中動殺機後，他會把自己反鎖在浴室內，試圖控制自己，可沒多久他就會受不了幻想的誘惑，從窗戶翻出去。

雷斯勒還發現，讓這一百多名連環殺手不斷製造殺戮最容易見到的一個動機是「性」。坎伯殺死一個又一個女孩時，有性的快感，而裘伯特在殺掉一個又一個男孩時，一樣也有性的快感。

最典型的如大衛・伯科維茨。

他的行兇目標，通常是獨自在車中的女子，或是在車中與男子摟抱親熱的女子，有時他會耐心等待男子離開後再殺害女子，有時乾脆連男子一起殺。在射殺女子的時候，他會產生強烈的性衝動。謀殺完成，他會在現場自慰。

有時，很想殺人但又找不到時機，他會開車去以前殺人的現場，回想當時的情景，邊想邊自慰。他知道這樣做很危險，但忍不住要這樣做。

這一百多個連環殺手，他們多數都有伯科維茨這種變態的性衝動。

那麼，這種性是什麼含義呢？

我自己認為，性是對關係的渴望，性的模式則是對關係模式的重複。那些在健康家庭中長大的人，他們的親密關係模式是健康的，而性的模式也是比較正常的。相反，那些在變態家庭中長大的人，他們的親密關係模式容易是異常的，性的模式也會是異常的。

簡而言之就是，這些連環殺手，他們原生家庭的關係模式是仇恨、冷漠和敵對，他們的親密關係模式也是仇恨、冷漠和敵對，而他們的性關係模式則是折磨、摧毀和殺戮。而且在這些連環殺手看來，他們的殺戮是為了「愛」，只是他們表達愛的方式是絕對的「占有」。

這正如埃德蒙•坎伯所形容：「這是唯一讓她們屬於我的辦法，她們軀殼已死，但精神已長留我身。」

這就是說，坎伯為了滿足自己對關係的需求，唯一的辦法就是殺死對方。這當然是幻象，因為人死了，關係也就沒了，他們仍然會陷入孤獨中。為了消除這種孤獨，他們會一直屠殺下去，直到被抓住為止。

無回應之地，即是絕境

死亡，即是無回應之地。

——西班牙故事

中國貴州畢節市一個家庭的四名兒童喝農藥自殺，這太虐心。

此前，我也將這樣的事情和貧窮聯繫在一起，但這起慘案，讓我對這一視角有了懷疑。

首先，這個家庭有漂亮的兩層樓房，網友估算造價不少於二十萬人民幣。其次，並非是窮到沒飯吃，家裡還有玉米，還養著兩頭豬。再來，也並非是沒有人理，有報導稱：

張勝（應是老師）對記者說：幾乎每一次老大不去上課，他都會去他家輔導，「告訴他在學校有免費的營養午餐，可以和大家一起玩」。在兄妹們輟學後，里長等和學校教師前後六次動員他們回校上課。也有人說，他五月十三日第二次到他們家時，聽到孩子在裡面跑，但怎麼敲都不開門。

這些細節顯示，將責任歸於貧窮是沒有道理的。甚至還說，其父母只負擔小部分責任，這種結論不知道從何而來。

事實顯示，其父母要負重要責任：

1.母親已離家出走。

2.父親有嚴重的暴力傾向。

3.或許比暴力更糟糕的是，父親也離開了這個家，聯繫不上了（說或許，是因為也許暴力造成的陰影，更勝於父親離開）。

這四個孩子的家，就算再好上很多倍，一樣是絕境。關於留守兒童，網路有這樣的習慣性說法：貧窮，所以大人必須出去打工；出去打工，就造成留守兒童的現象。

寫這些文字的人，說自己沒經歷過貧窮。但是，在農村長大的我經歷過，所以我有親身體驗，也說說自己的想法。

首先，我認為貧窮不是主因，更深層的原因，是我們養育孩子的奇怪方式，好像不管怎樣都要把孩子，特別是嬰兒，養得像「棄兒」一般。亦即，不管家庭條件怎麼樣，孩子就是不跟在父母身邊。

其次，雖然這種現象讓人心痛，但也別無限放大它的可怕。實際上，中國一代代人早就習慣了這種養育方式。我見到的無數案例中，就算父母不需要去外地打工，但仍有各種選擇，讓孩子和自己分離。譬如給老人養。

給老人養還算是好的，因為老人大多還是很疼愛孩子。很多人的回憶是，和祖父母或外祖父母在一起的時候，有很多美好回憶，但一回到父母身邊，噩夢才真正開始。然而，不管老人對孩子多好，這都意味著孩子曾遭遇被拋棄的經歷。而且老人通常要帶多個孩子，這意味著，孩子不可能獲得父母那種愛，而且心理上仍然存有寄宿感。

誇張的如福建一些地方，他們習慣讓孩子從小被各種親戚帶，就是不讓孩子長期和父母在一起。譬如有的富有家族，誰有空就誰帶孩子，於是大家開車將孩子送來送去。這意味著，孩子沒有穩定地跟隨一個養育者。

但是，孩子越小，越需要穩定有品質的愛，不斷變換養育者，對他們是很大的折磨。

另外，也許是最重要的，即便孩子身邊有養育者，養育者對孩子的方式也有種種問題。

我講講我自己小時候的經歷，這能說明很多問題。

我是在中國河北農村長大的，一九七四年生，我的姐姐大我四歲，哥哥大我八歲。我們那裡的習慣是，勞動力，如父母在田地農作養家，而老人帶孩子。但我們和爺爺奶奶關係很差，他們只向我父母要糧食和養老的錢，卻不幫我父母帶孩子。我哥哥姐姐小時，我媽媽還猶豫過，最後決定將孩子送過去，但爺奶不管，結果導致姐姐差點走丟。於是我媽一狠心，不再去農地工作，決定自己帶孩子。哥哥姐姐小時候，媽媽這分決心還不夠徹底，所以哥姐都有在爺爺奶奶家不被管的遭遇。直到我出生，我媽徹底接受現實，不再掙扎，於是我就受益了——在我記憶中我一直都是媽媽帶大的。

這應該是我們那個村絕無僅有的事情，媽媽這樣的勞動力不去農地工作，而是在家裡帶孩子！因此媽媽遭到很多白眼。人們習慣性的思維是，工作賺錢比帶孩子重要多了。

按照心理學的理論，孩子要跟媽媽在一起到三歲，而且媽媽的愛要有品質，如此才能形成基本的安全感。雖然我媽媽的養育方式也有很多問題，而且她有嚴重的憂鬱症，但至少，我形成了基本的安全感。

其實，老人不給年輕父母帶孩子，這種事在村裡常發生，但只有我媽媽決定留在家裡帶我，她的說法是，受不了孩子哭。

那麼，其他父母怎麼解決這個問題？很簡單，把剛生下來的孩子放在炕上，在炕邊做一些防護，防止孩子從炕上掉下來，就可以了，然後去農地工作。

如此，衍生出一個笑話：有一天工作回來，突然發現自己孩子會在炕上走路了，於是父母一邊驚訝一邊到處笑著宣揚：我們家孩子自己會走路了。

但是，對孩子來講，這是極其可怕的經歷。我透過諮商發現，如果孩子身邊沒有人陪，那意味著，他時刻都處於絕望中，甚至，他時刻都是在和恐懼打交道。

用理性的話來說，即精神分析的一句名言：無回應之處，就是絕境。

我想，殺死畢節那一家四個孩子的，就是這種絕境吧。雖然老師和社會對他們有回應，但那仍無法替代父母。母親消失了，父親電話也打不通，假如他們心中從嬰兒期就一直活在這種絕境中，他們現在已經受夠了。

為什麼要讓孩子處於這種絕境中？為什麼必須去工作？

我想，比貧窮更重要的原因是：可能每個地方都有這樣一種主流思維——賺錢勝於帶孩子，面子勝於家庭溫暖。

對於貧窮，我有深刻的記憶。我家五口人，只有爸爸一個勞動力，媽媽只是偶爾去幫忙（我長大後就不一樣了），還要將口糧和分紅給爺爺奶奶一部分，而且我和哥哥都一直在讀書。哥哥讀到高中，我則一路讀到研究生，那真是一直生活在貧窮中。我家鄉的農村不算窮，但我家的條件，在村裡屬於中下。

貧窮的最重要標記，是吃不飽，餓肚子。這一點我好一些，但哥哥姐姐都有過挨餓的經歷。哥哥之所以高中沒讀完，就是因為家裡缺錢，他在學校裡吃不飽。

最窮的時候，家裡連買火柴的錢都沒有。那是媽媽唯一一次對我發脾氣——其實也就罵幾句，因為我在抽屜裡找到一點錢，拿去買作業本，那是家裡僅有的一點錢。

此外的記憶是，每年春節前，鎮裡有持續七天的廟會，一次媽媽給了我兩毛錢去廟會玩，但我遇到的同伴們至少都是帶一塊多錢，多數是兩塊以上。這讓我有一點屈辱感，但也只是一點點，我不是很在意。

雖然在這樣貧窮的家庭長大，但我並沒有因此而自卑。讀大學時，我是全班三十六人中唯一一個父母都是農村戶口的，所以每次助學金都有我的份。但我花錢不算節儉，於是有同學對我有意見，我就反駁說：你們誰家是雙農村戶口的？他們就不說什麼了。

我在北京的一個朋友也對我說：怎麼從來沒見過你因為自己是農村來的而有一點點自卑？學了心理學，我明白，真正自信的基礎，是愛；而自卑的基礎，是愛的匱乏。雖然條件不好也可能導致一定程度的自卑，但這遠不如愛的匱乏危害大。

愛是無形的，相對於它，我們很多人更在乎看得見摸得著的物質。

我們的工作非常忙碌，農村裡的勞動力出來工作，城市裡的年輕父母忙著上班，億萬富豪們也多在拚命，但是，我們真的要去思考一下：我們是不是忽略了什麼？

我常有這樣的想像——或許，許多人都是孤島一般，只能用腦袋和語言與別人建立一些可憐的連結，但感覺和情感，或者簡單說是心，是關閉著的。每座孤島，都是在嚴重缺乏回應的家庭中長大。等我們成為父母，又將「無回應之地的絕境」，傳給自己的孩子。

大人一旦關上了心，就可以像沒事人一樣活著，將生命延續下去。但孩子，他們的心還沒有關上，無回應之地的絕境，或許直接會殺死他們。

我再說一次，畢節這四個孩子，他們不是死於貧窮，他們更有可能是死在無回應之地的絕境中。

Note

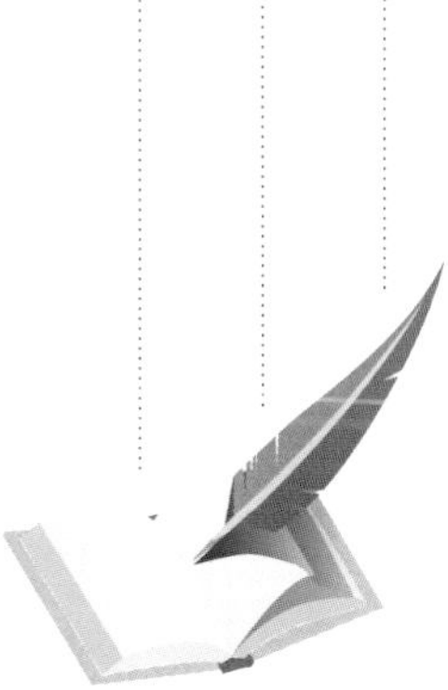

國家圖書館出版品預行編目(CIP)資料

為何你總是會受傷：資深心理諮商師分析精神案例,全面梳理關係中的傷口 / 武志紅著. -- 初版. -- 新北市：世潮, 2019.11
面； 公分. -- (暢銷精選；77)
ISBN 978-986-259-063-8(平裝)
1.心理諮商 2.通俗作品
178.4 108014837

暢銷精選 77

為何你總是會受傷

資深心理諮商師分析精神案例，全面梳理關係中的傷口

作　者 武志紅
主　編 楊鈺儀　**責任編輯** 李芸
出 版 者 世潮出版有限公司　**封面設計** 季曉彤
地　址 （231）新北市新店區民生路19號5樓
電　話 （02）2218-3277
傳　真 （02）2218-3239（訂書專線）（02）2218-7539
劃撥帳號 17528093
戶　名 世潮出版有限公司　單次郵購總金額未滿500元（含），請加80元掛號費
世茂網站 www.coolbooks.com.tw
排版製版 辰皓國際出版製作有限公司
印　刷 傳興彩色印刷有限公司
初版一刷 2019年11月
二刷 2022年 2 月

ISBN 978-986-259-063-8
定　價 350元

原著作名：为何你总是会受伤
作者：武志红
本书由天津磨铁图书有限公司授权出版，
通过成都天鸢文化传播有限公司代理授权，
限在港澳台地区发行

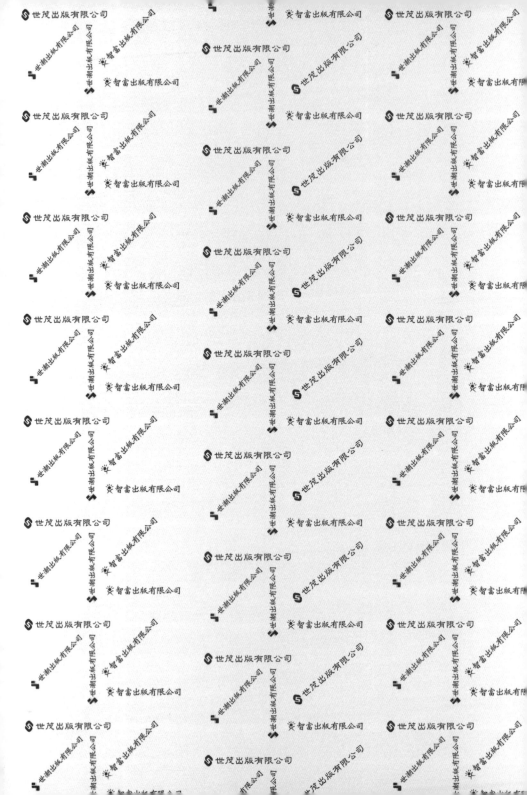

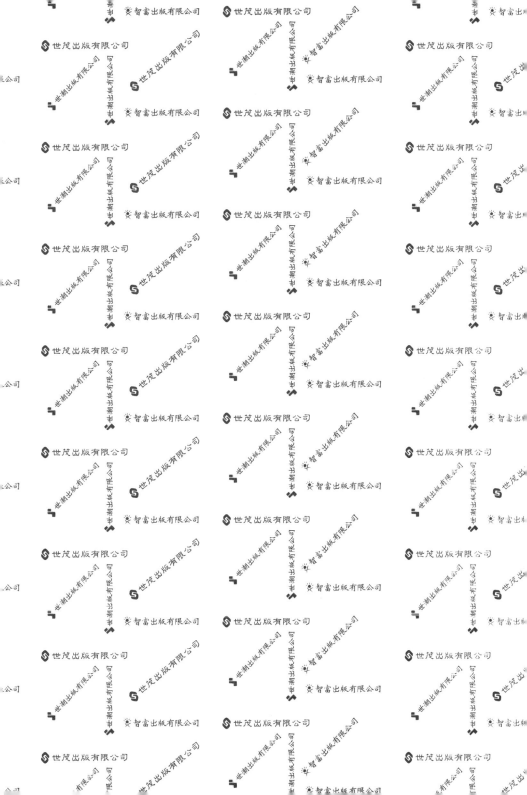